박수받는 스피치
박수받는 인생

박수받는 스피치
박수받는 인생

초판 1쇄 발행 2025년 1월 21일

지 은 이   윤치영
발 행 인   권선복
편   집   권보송
디 자 인   김소영
전 자 책   서보미
마 케 팅   권보송
발 행 처   도서출판 행복에너지
출판등록   제315-2011-000035호
주   소   (157-010) 서울특별시 강서구 화곡로 232
전   화   0505-613-6133
팩   스   0303-0799-1560
홈페이지   www.happybook.or.kr
이 메 일   ksbdata@daum.net

값 22,000원

ISBN 979-11-93607-72-5 (13190)

Copyright ⓒ 윤치영, 2025

도서출판 행복에너지는 독자 여러분의 아이디어와 원고 투고를 기다립니다. 책으로 만들기를 원하는 콘텐츠가 있으신 분은 이메일이나 홈페이지를 통해 간단한 기획서와 기획의도, 연락처 등을 보내주십시오. 행복에너지의 문은 언제나 활짝 열려 있습니다.

박수받는 스피치
박수받는 인생

화술경영가 윤치영 박사

I talk
I understand
I enjoy
I apply

I'm I
I'm you
I'm world

도서
출판 행복에너지

홍경석
『가요를 보면 인생을 안다』 저자
N 뉴스통신 편집국장

"인연은 한 권의 책과 같다"

자타공인 명불허전의 화술 박사 윤치영 작가와 만난 것은 40년 전이다. 당시 윤치영 박사는 유망한 직장으로 소문이 자자했던 (주)문화어연(정철 카세트 영어 회화 25주 프로그램)에서 대전 2사업소장으로 근무하고 있었다. 그즈음 나는 고향인 천안을 떠나 대전으로 이사했고, 윤치영 박사의 직장으로 근무지 이동까지 마쳤다. 이듬해 나는 신설된 대전 3사업소장으로 승진했으며 우리는 툭하면 근처의 두부두루치기 명문 식당으로 지금도 소문이 짜한 광천식당 등지에서 두주불사의 불야성을 즐겼다.

우리네 인생사에 있어서 만난 자(者)는 반드시 헤어짐을 뜻하는 회자정리(會者定離)는 어쩔 수 없는 법. 회사가 어찌어찌하여 문을 닫는 바람에 우리는 더 이상 함께 갈 수 없었다. 그 사이 윤치영 박사는 청와대에서 제주도까지 무려 3,000여 회가 넘는 출강과 50권에 육박하는 왕성한 저술 활동으로 전국적 명망의 유명 인사로 탈바꿈했다. 반면 나는 무명의 무지렁이로 은거하면서 어두운 그늘과 터널만을 점철했다.

그러던 중, 지난 2020년 나의 세 번째 저서인 『사자성어는 인생 플랫폼』을 발간했을 즈음, 출판사 대표님의 주선으로 대전 충청권 작가들의 회동이 있어 참석했다가 윤치영 박사와 감격의 재회를 만났다. 이후 많은 도움과 협조를 공유했으며 지금도 무시로 만나 지역 소주 맥주인 '맑은 린'의 소비에 있어서도 가일층 앞장서고 있다.

윤치영 박사는 영혼까지 맑은 사람이다. 예의까지 출중하여 남에게 말 한마디를 할 적에도 정중하며 한 번도 실수하는 걸 못 봤다. 나처럼 자격 미달인 작가에게 추천사를 부탁하셔서 처음엔 사양했다. 하지만 특유의 뚝심과 저돌적 돌파력에 그만 투항하여 이 추천사를 쓰게 되었다.

인연은 한 권의 책과 같다고 했다. 대충 보면 놓칠 수 있고 너무 열심히 읽으면 눈물까지 날 수 있기 때문이다. 이제 이 책이 윤치영 박사에게 마흔네 번째 옥저라면 나는 이제 겨우 일곱 권에 불과한 풋내기 작가에 불과하다. 그렇지만 더욱 열심히 매진하여 최소한 스무 권의 저서를 남기자는 게 나의 목표다. 윤치영 박사의 신간 발간을 진심으로 축하하며 그의 앞날에 건강과 축복이 늘 같이 하길 축원한다.

박영문
대전개별화물자동차운송협회 이사장

저는 개별화물자동차운송협회 이사장입니다. 요즘은 정년 후 개인택시를 사서 운전하는 분들이 많다 보니 개인택시와 화물자동차 거래가 활발히 일어나고 있습니다. 일거리를 만들어 건강하게 일하는 분들을 보면서 보람과 기쁨을 느끼고 있습니다. 아무튼 대전에서는 택시와 화물자동차를 거래하는 데는 제가 있어야 됩니다. 그래서 무척 바쁘게 살고 있는 터에 YCY 소통명사 과정을 만나 배우는 즐거움을 누리고 있습니다. 특히 저는 26개 정도의 모임 중에 16개 모임에서 회장을 맡고 있는 터라 인사말을 자주 하는데 스피치가 늘 부담스럽습니다. 그래서 윤치영 박사께 특별히 부탁해서 행사장에서 인사말을 배우고 있는데 주변에서 놀라워하고 있습니다.

배우는 데 늦은 때는 없는 것 같고 무엇이든 배우면 된다는 사실에 새삼 즐겁습니다.

앞으로 더 많이 봉사하고 섬기는 일에 마음을 다하겠으며 지역사회 발전에 기여하는 지도자가 되겠습니다. 다시 한번 윤치영 박사께 감사드립니다. 스피치 학원이라서 스피치만 배우는 줄 알았는데 인생을 배우는 곳이더군요. 제가 수학하는 과정은 '나를 세우고'(I'm) '너와 함께'(I'm you) 세상에 선한 영향력을 주는(I'm world) 명사로 거듭나는 14주 프로젝트입니다. 그동안 살아오면서 방전된 에너지를 충전하고 남은 인생을 보다 알차고 아름답게 살기 위한 충전소 같습니다. 이런 수업을 만난 것을 다행스럽게 생각하며 앞으로도 매사 감사한 마음으로 하루하루를 축제처럼 살겠습니다.

감사합니다.

한동욱
금남카 대표

7년 전 말을 잘하는 사람을 보고 부러워서 물었는데 "스피치 학원에 다녔다."라는 것입니다. 제가 ○○방위협의회에서 7년간 회장으로 봉사하면서 말 잘하는 것이 소원이었습니다. 우연히 김은옥 누님의 쉘브르에서 윤치영 박사님을 만나 뵙고 바로 수강을 결정해 버렸습니다. 7년 전의 꿈이 이뤄진 것입니다. 지금은 시즌2 YCY 소통명사 과정 3기 회장까지 맡아가며 즐겁게 수학하고 있습니다. 매주 화요일 저녁이 기다려집니다. 사람들 앞에 서서 말할 때 좀 잘할 것 같습니다. 윤치영 박사님이 강의하시는 YCY 소통명사 과정은 나에게 큰 행운이었습니다. 반복해서 발표하는 훈련을 받다 보니 자신감이 생기고 있습니다. 특히 '상대 중심적 화법'과 '세상 중심적 화법'은 저에게 큰 감동을 안겨 주었습니다. "상대의 입장에서 말하고 세상을 중심에 두고 생각하라."는 말씀은 말을 잘하는 기술이 아니라, 아름다운 인생을 경영하는 기술이었습니다. 그러다 보니 저도 모르게 긍정적 사고를 갖게 되었고 긍정적 가치로 세상에 다가서는 노력을 하고 있었습니다. 앞으로 계속 수학하면서 힘 있는 회장, 실천하는 회장이 되겠습니다.

현승호
세형ENG정밀기계 대표

윤치영 박사님의 『박수받는 스피치 박수받는 인생』의 발간을 진심으로 축하드립니다.

추천사를 쓰기 위해 가제본 된 책을 읽는데, 단연코 내용이 잘 정리되어 있는 화술과 인생의 지침서라 할 수 있습니다.

이 책을 읽고 공감했던 이유는 살아가면서 다양한 삶의 방식과 소통하는 방법을 알려주었기 때문입니다.

언어를 통해 말하는 스킬에 관련된 노하우와 감동적 내용, 그리고 짜임새 있는 구성은 이 책을 읽는 이들에게 새로운 소통의 방식을 일러줄 것입니다.

"경험보다 좋은 스승은 없다."라는 말처럼 윤치영 박사님이 스피치 커뮤니케이션 분야 전문가로서 지난 30여 년간의 현장 경험을 통해 터득한 구체적 사례가 고스란히 담겨 있습니다.

윤치영 박사님의 말씀을 귀감 삼아 살아간다면 '박수받는 스피치 박수받는 인생'이 되실 것이라 믿으며 이 책을 추천해 드립니다.

최정규
대전교통장애인재활협회장

대한민국 스피치계의 레전드 윤치영 박사의 『박수받는 스피치 박수받는 인생』 추천사를 쓰게 되어 기쁘게 생각합니다.

윤치영 박사와의 인연은 10여 년 전 대전대학교 최고경영자과정에서 강연을 듣게 되면서 시작되었습니다. 그날 박사와의 만남은 시간과 공간을 넘어서 가슴에 신선한 충격과 설렘 그리고 편안함이었고, 언젠가 시간이 허락할 때 윤치영 박사의 강의를 듣고 싶다는 다짐을 하게 되었습니다. 지금 와서 생각해 보니 '그 설렘과 편안함이 윤치영 박사가 갖고 있는 부드러운 카리스마가 아니었을까?'라는 생각을 하게 됩니다.

그 후 계기가 되어 최고의 자기 계발 프로그램인 'YCY 소통명사 과정'에 입문하여 수학하면서 소통력은 물론 자아를 성찰하고 미래를 설계하는 그림을 그릴 수 있는 내공을 다지는 시간이 되었습니다. 지금은 이 강좌를 많은 사람에게 추천하고 있습니다. 이번에 나오는 『박수받는 스피치 박수받는 인생』이라는 책을 통해서도 기적과 같은 변화를 경험하게 될 것이라 믿습니다.

10

김은옥
쉘브르 대표

　스피치는 커뮤니케이션(Communication)의 꽃이다. 꽃은 아름
다워야 하지만 향기가 있어야 제격이다. 그 향기는 저절로
만들어지는 것이 아니라 공간과 시간이 존재하는 자연환경
의 조화로움에서 비로소 빚어진다. 세상을 살아가는 사람들
에게 말은 곧 그 사람의 향기가 된다. 그래서 글을 잘하는 자
식보다 말을 잘하는 자식을 낳으라 했다. 윤치영 박사님이
저술한 이 책은 인생과 화술의 꽃밭이다. 서두르지 말고 천
천히 그 꽃밭을 거닐다 보면 즐겁고 행복해지리라. 그리하여
마음속 깊이 울림을 주는 감동으로 다가온다.

'박수받는 스피치, 박수받는 인생'이란 책은 화술경영 윤치영 박사의 44번째 책이다. 이 책은 단순히 말하기 기술을 넘어, 진정한 소통을 통해 관계를 형성하고, 서로에게 긍정적인 영향력을 줄 수 있는 스피치의 힘을 전하고자 기획되었다. 사람을 이끄는 스피치는 특별한 기술이나 화려한 언변에만 의존하지 않는다. 오히려 사람에 대한 진심, 이야기 속에 담긴 진정성, 그리고 청중과 공감하는 마음에서 비롯된다.

이 책은 그동안 저자가 책을 쓰고 강연과 강의를 하면서 만난 지인들의 이야기와 만남을 통해 느낀 점들을 바탕으로 썼다. 누구나 쉽게 배울 수 있는 스피치 원칙을 담아, 더 많은 분들이 각자의 자리에서 빛나고, 스피치를 통해 자신의 이야기를 당당하게 전할 수 있기를 바라며 여러분의 인생에 작은 영감을 줄 수 있기를 기대한다. 나아가, 더 많은 분들이 공감과 진정성으로 서로의 이야기를 나누는 소통의 장을 만들어가는 데 기여할 수 있기를 희망한다. 더불어 책과 함께하시면서 얻는 모든 영감과 깨달음이 여러분의 인생에 긍정적인 변화를 불러오길 기원한다. 도와주신 여러분들께 진심으로 감사드린다.

이 세상에 태어날 때는 웃음 속에 태어나서 눈물 속에 하직

해야 한다고 생각한다. 이 세상에 아기가 태어날 때면 많은 이들의 축복 속에서 박수와 함께 태어나서 자연으로 돌아갈 때도 '잘 살았노라, 잘했노라.'라며 박수를 받아야 한다고 생각한다. 이 세상에 태어나면 누구나 그럭저럭 살아간다. 박수를 받든 못 받든… 더 중요한 것은 세상의 평가보다 내 스스로 잘 살았노라고 스스로 박수 치는 인생이기를 바란다.

현대인들에게 살아가는 데 중요한 도구인 스피치도 또한 그러하다. 스피치를 못하는 사람은 없다. 다만 박수를 받느냐 받지 못하느냐의 차이가 있을 뿐이다. 개미처럼 열심히 한다고 박수를 받는 것은 아니다. 배짱이나 매미처럼 주변 사람들을 기쁘게 해줄 수 있을 때 박수를 받게 되는 것 아닐까. 인생도 마찬가지다. 그렇다면 어떻게 하면 재미있게 말하고, 재미있게 살 수 있을까?

"박수받는 스피치, 박수를 받으며 즐겁게 사세요"

여러분들은 스피치를 하면 박수를 받는 편입니까? 어떡하면 박수받는 스피치를 할 수 있을까요? '조화석습' 하시고 '노래하듯 말하라'는 것입니다. 노래하듯 말하면 청수유수와 같습니다. 연예인들처럼 말해 보세요. 이번에 저의 42번째 책이 출간되었습니다. 자세한 것은 『잡담력』이란 책을 참고해 주세요. '스피치 힘 TV 윤치영 박사'란 유튜브 채널은 여러분들의 화력(話力)을 키우는 데 도움이 될 것입니다. 30여 년간 41권을 책을 쓴 콘텐츠와 대한민국 대학 중에 가장 권위 있는 대학 청와대부터 제주까지 3천여 회 출강한 내용과 경험을 여러분들과 함께 모두 공유하겠습니다. '구독 신청' 해 주시고 '좋아요' 눌러 주실 거죠? 감사합니다.

박수받을 때 떠나라는 말이 있는데 박수받으며 사는 인생이 되셔야 합니다. 그러려면 대접받고자 하지 마시고 먼저 대접해 주시는 여러분 되시길 바랍니다. 또 주어진 인생 즐기며 사셔야 합니다. 그러기 위해서는 불행 속에도 행복이 있기 마련이니 긍정적인 것을 즐길 줄 아는 긍정적 삶이 중요합니다.

OutSider가 되지 말고 InSider가 되어야 합니다. 눈치 보지 말고 빠져 들어야 합니다. 몰입하다 보면 즐길 수 있게 됩니다.

세상에 독불장군은 없는 법입니다. 스피치도 그러합니다. 우선 혼자 말하지 마세요. 반응이 없는 말은 혼자 열심히 떠듭니다. 따로국밥이죠. 말하는 사람 따로 듣는 사람 따로… 제 고등학교 화학 선생님이 계셨는데 그 선생님이 그러셨습니다. 교실에 들어오시면 열심히 출석부를 부르십니다. 그러고 나면 기다란 칠판에 화학방정식을 열심히 판서하시면서 강의를 하십니다. 어쩌면 그렇게 복잡한 화학방정식을 줄줄이 써 내려가시는지 처음엔 신기해 보이기까지 하였습니다. 한 판 꽉 채우고 나면 "이해되죠?"라고 한번 묻고 칠판을 지우고 다시 한 판 적으면서 열심히 판서하면서 강의하셨습니다. 두 판을 적으셔야 한 시간 강의가 끝나십니다. 뒤에 앉아 있던 저는 앞에 앉아 있는 학생들이 얼마나 열심히 듣나 살펴보았습니다. 불행하게도 듣는 학생이 거의 없었습니다. 그때 열심히 한다고 좋은 결과가 나오는 것이 아니란 걸 깨달았습니다. 학생들이 무엇을 모르는지 어떻게 해야 이해할 수 있는지를 고민해야 하지 않았을까요? 그것이 Needs입니다.

Needs를 찾으려면 관점을 바꿀 줄 알아야 합니다. 그것이 관점 전환능력입니다. 공급자 중심에서 수요자 중심으로 이동한 지는 오래되었습니다.

물론 재미있고 유익한 콘텐츠를 가지고 있어야 한다는 것을 전제로 드린 말입니다.

무엇보다 콘텐츠가 튼실해야 합니다. 충분한 가치와 유용성이 있어야 환영을 받습니다. 보다 정확히 말하자면 재미있고 유익한 콘텐츠라면 대박입니다. 그럼, 누구에게 재미있고 유익해야 한단 말입니까? 공급자요?

아닙니다. 수요자에게 유익하고 재미있으면 날밤 새는 줄 모르고 사람들이 달려듭니다. 잘한다고 소문만 나면 산중에 숨어 있더라도 찾아옵니다. 오지 말라도 옵니다. 환장할 노릇입니다. 수요자의 눈과 코는 천리를 갑니다. 그러니 내용을 확인해 보십시오. 부실하면 실하게 채우십시오.

소비자의 기대치를 뛰어넘는 가치나 서비스를 제공했을 때 고객 만족을 넘어 고객 감동, 감격, 감탄으로 이어집니다. 구전에서 구전으로 소문나면 문전성시를 이루는 것은 시간문제입니다. 그 콘텐츠를 세상에 회자시키는 것은 혼자 할 수 없다는 것입니다. 함께 어우러져야 합니다. 그것이 공감대 형성입니다. 공감대를 만들어야 합니다. 인정을 받아야 합니다. 리더십도 그러합니다. 인생도 그러합니다. 하여 박수를 받는 인생에는 정답이 없습니다. 내 뜻대로 내 맘먹은 대로 말할 수 있다면 말하는 대로 이뤄질 수 있다면 만사형통 운수대통하는 것 아니겠습니까? 너무 집착하지는 맙시다. 나인 채로 박수 받기에 충분합니다. 셀프 박수부터 시작하면 세상 박수를 받을 수 있다고 생각합니다. 그것이 화술 경영 윤치영 박사의 철학입니다.

I'm I, I'm you, We're the world입니다.
나는 나입니다. 나다운 것이 최고 명품입니다. 나는 너입니다. 내가 네가 될 수 있을 때 소통이 일어납니다. 가장 이타적인 것이 가장 이기적인 것입니다. 우리는 결국 손에 손잡고 세계로 나갈 수 있습니다. 우리는 하나의 세계입니다.

마지막으로 감사한 마음으로 봉사하는 삶을 살 수 있을 때 가장 아름답고 가장 행복한 삶을 누릴 수 있게 되는 것입니다. 스피치는 설득하는 것이 아니라 공유하는 것입니다. 공동의 유익과 재미를 나누시고 공유하시기 바랍니다. 박수받으며 즐기며 사는 여러분 되시기 바랍니다.

우리 곁에는 어떤 사람들이 머물러 있습니까?

아름다운 꽃이 피어 있거나 탐스러운 과일이 달린 나무 밑에는 어김없이 길이 나 있습니다. 사람들이 저절로 모여들기 때문일 것입니다.

그와 마찬가지 이치로 아름답고 향기 나는 사람에게 사람이 따르는 것은 당연한 일이 아닐까 싶습니다. 내가 좀 손해 보더라도 상대를 위해 아량을 베푸는 너그러운 사람, 그래서 언제나 은은한 향기가 풍겨 나오는 사람, 그런 사람을 만나 함께 있고 싶어집니다. 그 향기가 온전히 내 몸과 마음을 적실 수 있도록, 그리하여 나 또한 그 향기를 누군가에게 전할 수 있도록 말입니다.

스치듯 찾아와서 떠나지 않고 늘 든든하게 곁을 지켜주는 사람이 있고, 소란 피우며 요란하게 다가왔다가 언제 그랬냐는 듯이 훌쩍 떠나가는 사람들도 있습니다.

소리 없이, 조용히, 믿음직스럽게 그러나 가끔 입에 쓴 약처럼 듣기는 거북해도 도움이 되는 충고를 해 주는 친구들이 있고, 귓가에 듣기 좋은 소리만 늘어놓다가 중요한 순간에는 고개를 돌려버리는 친구들도 있습니다.

우리 곁에는 어떤 사람들이 머물러 있습니까?

있을 땐 잘 몰라도 없으면 표가 나는 사람들, 순간 아찔하게 사람을 매혹시키거나 하지는 않지만 늘 언제 봐도 좋은 얼굴, 넉넉한 웃음을 가진 친구들, 그렇게 편안하고 믿을 만한 친구들을 몇이나 곁에 두고 계십니까?

나 또한 누군가에게 가깝고 편안한 존재인지 그러기 위해 노력은 하고 있는지 스스로에게 자문하고 싶습니다. 두드러지는 존재, 으뜸인 존재가 될 필요는 없습니다. 오래 보아도 물리지 않는 느낌, 늘 친근하고 스스럼없는 상대, 그런 친구들을 곁에 둘 수 있었으면, 나 또한 남들에게 그런 사람으로 남을 수 있었으면 하고 바랄 뿐입니다.

"순간순간 박수받을 일을 하고 있는가?"

사람들은 일상을 살아가면서 무심결에 생각 없이 습관적으로 행동하고 처신하는 경우가 많다. 그러나 살아가면서 맞닥뜨리는 일들 하나하나가 중요하지 않은 것이 없다. 순간순간을 진지하게 정성을 다해서 감사한 마음으로 마주쳐야 한다고 생각한다.

초두효과라는 것이 있다. 처음 만나 각인된 이미지는 쉽게 바뀌지 않는다는 이론이다. "저 알고 보면 부드러운 여자입니다."라는 커피 광고 카피가 있는데 사람들은 첫인상을 바꾸려 하지 않는 구두쇠효과가 있다. '내가 왜 비싼 내 에너지를 들여서 당신에게 보이는 이미지를 바꿔야 해?' 이런 정도다. 그다음 중요한 것은 부정적 효과라는 것이 있는데 이는 긍정적인 것보다는 부정적인 것에 쉽게 노출되거나 각인되기 쉽다는 것이다. 하여 99가지 긍정적인 것보다는 한 가지 부정적인 것에 쉽게 노출된다는 것이다.

그러니 내 표정에 내 행동과 표현이 어떻게 보이는지를 생각해야 한다.

나는 정성스럽게 진지하게 나를 표현하고 있는가? 첫인상만큼 중요한 것이 첫말이다. 오랜만에 친구를 만난다. "야, 여전하구나, 멋진 모습!"이라고 긍정적으로 표현해도 부족한 판에 "웬일이냐? 무슨 일 있었냐? 몰라보게 야위었구나."라든지 "안 죽고 살아 있었네….."라는 표현은 좀 너무한 것이 아닌가? 죽기를 바랐다는 것인지….. "요즘 몸 관리 안 해? 왜 이렇게 살쪘냐?"는 표현은 솔직한 건지, 센스가 없는 건지 모르겠지만 잘못된 표현이다. 첫 말을 긍정적으로 하면 어디

덧나는가?

"야, 살아있었구나, 반갑네 반가워", "뭐냐 이 모습? 넉넉해졌네….", 이 정도면 어떨까?

누군가 자신의 꿈을 말할 때 당신은 뭐라고 답해주는가? "다 좋은데 그게 돈이 되겠니?", "너 그거 하려고 대학 나왔니?", "그거 아무도 알아주지 않는 일이야!" 그런 말은 상대의 마음을 아프게 할 뿐이다. 이렇게 따뜻한 마음을 담아 호응하면 어떨까?

"네 꿈 참 근사하다.", "참 멋진 꿈을 가졌구나!", "그런 꿈을 가진 네가 나는 참 자랑스럽다." 한 사람의 꿈은 그것을 지지하는 다른 한 사람에 의해 더 커지고 강해진다. 그 사람을 사랑한다면 그대가 그 한 사람이 돼라. 한마디만 달리 말해도 한 사람의 삶을 바꿀 수 있다.

우리는 사회활동을 하다 보면 다양한 모임에 참석하게 된다. 그 좌석에서 인사를 해야 할 때도 있는데 대개 성의 없이 심드렁하게 형식적으로 때우고 만다. 그 순간이 최고의 기회라고 생각하자.

그리고 인사를 하고 나면 반드시 박수를 끌어내야 한다. 그래야 우정모드로 간다. 박수를 받지 못하면 '그래, 어디 보자. 너, 잘하나?'라든지 '제까짓 게 하면 얼마나 잘하나 보자.'라는 둥 평가모드나 부정모드로 갈 수 있기 때문에 좀 더 진지하게 좀 더 정중하게 인사한 후 박수를 유도해야 한다. 박수받을 때 떠나는 것이 아니라 박수받을 말한 짓을 하자는 것이다. 어떤 모임이든 가입해서 활동할 것이면 솔선수범 섬기고 봉사해야 한다.

하는 건지 마는 건지 엉거주춤하고 있으면 존재감이 사라진다. 몫을 찾아서 하노라면 인정받고 주인행세를 할 수 있게 된다. 진정 박수를 받으려면 '끼'를 발휘해야 한다. '끼'란 직업에서 나오는 근성이 있다. 장인정신이랄까? '쟁이'로서의 '끼'를 말한다. 다음은 얼굴에는 화안시가 있어야 한다. 그게 웃음기다. 좀 더 살갑게 좀 더 친밀하게 다가설 수 있는 인간적인 기운ㅡ 웃음기야말로 못 말리는 친화력이다. 다음으로 필요한 것이 장난스러운 끼랄 수 있다. 너무 예의 바르거나 반듯하면 접근하기가 어렵다. 장난스러울 정도로 살갑게 다가갈 때 흉허물없이 속내의를 주고받을 수 있게 된다.

상대에게 필요한 말, 유익한 말, 재미있고 의미 있는 말로 언제 어디서나 박수받는 스피커가 되자. 세상에 태어나 세상으로부터 박수받을 만한 인생을 살아야 하지 않겠는가? 박진영이 연예계에서 가수로서 롱런할 수 있는 방법을 밝혔다. "가수로서 잠깐 인기와 주목을 받을 수는 있겠지만 신비주의는 계속 유지할 수 없다며 자신의 음악을 하고, 더 좋은 음악을 들려주고, 무대 밖에서는 올바르게 사는 모습을 보여주면 된다.”라고 말했다. 박진영은 이어 스타를 뽑을 때, 물론 춤과 노래가 중요하지만, 인성과 성격도 매우 중요하다고 생각한다고 소신을 드러냈다. 이처럼 실력을 겸비하고 도덕적으로 무장되었을 때 존경받고 박수받는 인생이 될 수 있을 것이다.

“성공적인 삶보다는 박수받는 인생이기를”

누구나 성공할 수는 있다. 그러나 박수받는 사람이 되기는 쉽지 않다. 박수를 받을 수 있다는 것은 흠모 내지는 존경이 따라야 하기 때문이다. 성공받는 사람과 존경받는 사람의 차이는 무엇일까?

성공한 사람은 업적을 이뤘거나 자신만의 입신양명(立身揚名) 즉 출세하여 이름을 세상에 떨친 사람이라면, 존경받는 사람은 이타적인 사람으로 어렵고 힘든 사람들을 위해 자신을 희생하거나 낮춘 사람이다. 결국 남을 위해 봉사하고 남을 위해 일하겠다는 생각이 기본적으로 깔린 사람이다. 성공적인 삶보다는 박수받는 인생이기를 바란다.

책 제목은 만드는 것이 아니라 책 내용을 한 마디로 압축해 놓은 것이라고 생각한다. 이 책은 말을 못하는 사람들이 보는 책이 아니다. 말에 관심을 가지고 좀 더 조리 있게 논리적으로 발표하고 공감적 소통을 원하는 사람들이 읽는 책이다. 누군들 말을 못 하지는 않는다. 다만 잘 말하지 못할 뿐이다. 말을 잘해서 박수받는 스피치, 존경받고 선한 영향력으로 박수받는 인생이 되고자 하는 이들에게 권하고 싶은 책이다.

화법이 바뀌면 인생이 바뀔까? 바뀐다. 화법은 그 사람의 가치관과 삶의 방식이기 때문이다. 그래서 책 내용을 압축 요약하다 보니 만들어진 제목이다. 화법이 바뀌면 인생이 바뀌는데 그 화법 중 핵심은 공감력이란 얘기다. 공감을 끌어내는 스피치로 박수를 받고 공감 가는 삶의 모습을 보여줌으로 존경과 찬사의 박수를 받고자 하는 책이다.

2024년 12월

화술 경영 윤치영 박사

차례

제1장.

박수받는 인생

제2장.
박수받는 스피치

제3장

폼생폼사, 있어빌리티(있어+ability)

제1장

박수 받는 인생

칭얼대지 마세요.

짜증 내지 마세요.

어렵다고 우는 소리 하지 마세요.

세상은 그런 당신을 동정할 만큼 한가하지 않습니다.

가능성을 말하세요.

긍정적으로 말하세요.

의욕적으로 말하세요.

그래야 세상이 기회를 줍니다.

그래야 세상이 응원합니다.

그래야 이뤄집니다.

"할 만합니다."

"나쁘지 않습니다."

"할 수 있습니다."

- 화술 경영 윤치영 박사

3초 만에
그냥 했다

  학원을 운영하면서 힘 빠질 때가 있습니다. 상담을 끝내놓고 "집에 가서 아내와 상의 후 연락해 주겠다."라는 것입니다. 그럴 수도 있겠지만 대개가 '결정장애증후군'에 걸린 경우입니다. 그래 놓고 3년 후에 다시 오거든요. 삼 년이란 시간을 허비한 것입니다. 그래서 요즈음은 확 당겨버립니다. 우격다짐처럼 보일지라도 그게 내방자나 상담자를 위하는 길이라는 것을 경험했기 때문입니다. 결정장애, 판단보류 안됩니다. 옳다고 생각되면 그냥 합시다. 너무 생각하면 행동으로 옮길 수 없습니다.

  그냥 좋은 사람이 좋은 사람이듯 맞다고 생각되면 그냥 하면 되는 것입니다. 돈도 그렇습니다. 결제할 일이 있으면 바로 결제해야 합니다. 질질 끈다고 달라질 게 별로 없는데도 술에 물 탄 듯 물에 술 탄 듯 하는 사람들을 보면 답답한 것을 넘어서 약간 안타깝습니다. 그런 사람들은 돈이 잘 안 붙습니다. 평판이 나빠지는 이유이기도 하지만 돈은 돈을 좋아하기 때문입니다. 쓸 때는 망설이지 말고 써야 합니다. 생각이 많으면 주저하게 마련인데 주저하는 사이 돈은 빨리 결정하는 사람 호주머니로 들어가게 마련입니다.

필자가 애정을 가지고 진행하고 있는 '시즌2 YCY 소통명사 과정'이 있는데 소개 후 3초 만에 결정짓고 등록을 완료한 원우가 있는데 금○카 한○욱 대표입니다. 현재 대형 버스를 정비하는 최고의 엔지니어지요. 버스를 정비하는 사람이 턱없이 부족하기도 하지만 배우는 젊은 친구들이 없어 한국의 미래가 걱정되기도 하는 부분입니다. 요식업에서부터 건설 현장 그리고 기술 분야까지 3D 업종이라고 하면 다 외국인들로 자리를 채우고 있는 처지입니다. 그래서 한○욱 대표의 몸값은 부르는 게 값이라고 합니다. 학창 시절 공부는 꼴찌에서 두 번째 했다고 합니다. 머리가 나빠서가 아니라 공부가 적성에 맞지 않았던 듯싶습니다.

그래서 일찍이 대학을 포기하고 기술학교에 가서 자동차 정비를 열심히 배웠다고 합니다. 그 후 교통회사에 입사하여 정비 분야의 최고 책임자로 일한다고 합니다. 지금은 개인회사 금○카 정비공장을 운영하고 있는데 심이 흐린 사람(결제가 느린 사람)들하고는 거래를 하지 않는 것이 금○카의 경영방침이랍니다. 그리고 금○카를 운영하는 원칙이 첫째도, 둘째도, 셋째도 정직이랍니다. 절대 눈앞의 이익을 위해 얼렁뚱땅하지 않는답니다. 소탐하면 대실하는 것이 이 사회의 순리라는군요.

요즈음은 하루에 두세 번 카톡을 주고받는데 필자가 보아도 돈을 잘 버는 것 같아요. 어떤 때는 받은 돈을 입에 물고 인증샷을 주더군요. 이렇게 재미있는 친구이기도 합니다. 몸이 두 개라도 모자랄 정도로 불러대는 곳이 많은데 대전 충남을 넘어 전국을 다니며 고장난 버스를 긴급 정비를 하는데, 하루에 호주머니가 두둑하도록 담아 오는 것 같습니다. 슬하에 아들이 하나 있는데 아들도 버스 정비기술을 가르쳐 지금은 관광버스회사에 취업시키고 1인 기업가로 일하고 있다고 합니다.

제가 좋아하는 음식은 무한 리필 참치입니다. 그 이유는 '어머니 마음'과 같습니다.

"얘들아~ 엄마는 동태 대가리를 좋아해~" 아시죠? 이 말의 진의를~ 그래서 철딱서니 없는 아들이 엄마를 찾아뵐 때 생선 집에서 동태 대가리를 사 들고 갔다는 웃지 못할 얘기도 있습니다. 죄송합니다만 제 직업이 선생이다 보니 대접할 일보다는 대접을 받는 경우가 좀 더 있어서 '다랑어'를 좋아하지만, 워낙 비싸서 '무한 리필 참치'를 좋아한다고 말하곤 합니다. 그런데 한ㅇ욱 대표는 그 다랑어를 수시로 사줍니다. 금가루 뿌린 소주를 곁들여서… 참, 내 원….

코로나19 때 소상공인들에게 정부에서 지원금이 나왔었습니다. 한ㅇ욱 대표도 그때 1,600만 원을 받는데 그 돈을 어떻게 썼을까요? 본인 업체의 운영자금으로 쓰지 않고 당신보다 어려운 친구들에게 모두 나눠줬다는 것입니다. 돈을 써야 합니다. 없다고 궁핍하게 생활하면 더더욱 궁핍해집니다. 돈은 돌고 돈다고 하여 돈입니다. 물처럼 흐르도록 씁니다. 헌 돈을 내놓고 새 돈을 받으면 되는 것 아니겠습니까? 이 글을 읽으신 분들에게는 사업이 불같이 활성화되고, 돈이 물같이 흐르는 일상이 되시기를 축원합니다. 아멘 ^^

존경하는
사람들

김형석, 박지성, 이국종, 박진영, 유재석, 백종원. 이들은 누구인가?

국문학자이시며 영문 학자이시고 향가 연구로 유명한 양주동 박사님을 기억할 것이다. 60년대 말 70년대 초 TV가 많이 보급되기 전 라디오를 통해서 재치 문답인가 하는 프로에 자주 나오셔서 해박하고도 재치 있는 말씀으로 청취자들을 즐겁게 해주시던 기억이 난다. 그분이 방송 중에 자주 청중을 웃기시던 말씀 중, '어이쿠 국보 죽을 뻔했구나!' 하시며 본인을 자칭 국보라고 하셔서 웃었던 기억이 난다.

대한민국 청소년들에게 존경받는 인물을 꼽으라 하면 단연 '안철수' 박사였다. 서울대 의대 박사 출신인데 의대 시절에 혼자서 세계 최고 바이러스인 브레인을 퇴치하기 위해 V3 백신을 개발한 프로그래머이기도 했다. 독학으로 프로그래밍을 독파했다니 대단하다. 무려 7년 동안 낮에는 의사로 밤에는 백신 개발을 하여 국민들에게 무료로 보급했다. 의사, 프로그래머, 베스트셀러 작가, CEO, 석좌교수, 대학원 원장 등 모든 방면에서 최고의 역량을 보여준 인물이다. 도덕성, 진정성, 소통 능력, 열정, 탈권위주의 및 수평적 사고, 경영과 기술의 융합, 공감과 감성, 통합력 등 다양한 능력도 타의 추종을 불허했다. 그런데 정치를 시작하면서 그 명성과 기대감 등이 나락으로 떨어져 지금은 거의 거명이 되지 않고 있다. 참 안타까운 일이다. 그리고 정치가 그만큼 쉽지 않다는 방증이기도 하다.

사람 관계에서 사랑과 존경 중에 하나를 선택하라면 무엇을 뽑을까? 사랑은 없어도 존중감이 남아 있다면 없어진 사랑을 다시 회복할 수 있다는 것이다. 그만큼 관계에 있어서 존중은 중요하다. 남녀를 떠나서 존경받을 수 있다는 것보다 더 기분 좋은 일이 어디 있을까? 또한 존경할 수 있는 사람이 있다는 것은 정신적 지주가 있다는 것이기에 살아가면서 든든한 기둥을 세우는 격이랄 수 있다. 특별히 여자는 사랑, 남자는 존경받고자 하는 욕구가 강하다.

필자는 105세이신 김형석 연세대 명예교수를 존경한다. 도산 안창호 강연을 듣고 윤동주 시인과 동문수학하고 전진석 추기경을 제자로 둔 김형석 교수는 지금도 꼿꼿하게 방송도 출연하시고 강연을 다니신다. 충분히 존경스럽다. 많은 이들의 모델링의 대상이기도 하다.

필자뿐 아니라 젊은 층에서 좋아하는 연예인 중에 JYP 박진영 대표를 들 수 있다. 그는 "과정까지 좋아야 존경받을 수 있다. 불법을 통해서 성공할 수는 있지만, 사람들은 날 존경하지는 않는다. 성공하는 게 중요한 게 아니라, 내 삶의 모습이 귀 기울일 만한 가치를 가져야 한다는 생각이 들었다."라고 자신이 추구하는 진정한 인생의 가치에 대해 박수를 보내고 싶다.

최근 존중하는 사람으로 떠오른 사람들로는 우리나라 외식업계의 아이콘 '백종원' 셰프가 있다. 다양한 방송활동을 통해 골목 상권과 서민경제에 도움을 주고 있기 때문이다. 그외에도 아주대학교 병원 이국종 교수는 대한민국을 대표하는 중증 외과 분야의 대한민국 최고 전문의이시다. 그는 "환자는 돈 낸 만큼이 아니라, 아픈 만큼 치료받아야 한다."라는 신념을 갖고 계시다. 당연히 존경의 대상이다. 매너 좋기로 소문난 연예인 유재석이 남들에게 존경받는 이유가 있다면 그건 바로 유재석의 인간성일 것이다.

많은 PD와 연예인이 유독 "그 사람과 이야기하다 보면 마음이 편안해지고, 기분이 좋아진다."라고 하는데 그 이유가 무엇일까? 밝고 긍정적인 말과 태도 때문이다. 긍정적인 말은 긍정적인 행동을 낳는다. 부정적인 말은 열정과 의욕을 떨어뜨릴 뿐만 아니라 사람을 부정적으로 변하게 한다. 유재석은 긍정의 아이콘이다. 그리고 다른 사람을 배려하는 마음을 갖고 진심이 묻어나는 말을 하기 때문에 경계심을 무너뜨리고 함께 대화를 즐기게 하는 매력을 지니고 있기 때문이다.

존경하는 인물로 박지성을 빼놓을 수 없다. 그는 키가 170cm 초반대이며 머리가 크고, 다리가 짧은 전형적인 동양인 체구다. 거기다 평발임에도 불구하고 열악한 조건, 열악한 신체 구조를 갖고 있으면서도, 서양인들과 당당히 맞서 이기는 박지성을 존경하지 않을 수 없다는 것이다. 그 외에도 아동 소아청소년클리닉 원장 오은영 박사, 마마무의 화사 등이 있다. 예전에는 이순신, 세종대왕 등 역사적 인물이 존경 인물로 거론되었는데 요즈음엔 연예인이나 스포츠인 등 각 분야에서 두각을 나타내는 이들 중에 편법을 쓰지 않고 도덕적으로 본보기가 되며 우직하게 외길을 걸어가는 사람들의 존경 대상자로 떠오르고 있다. 이왕이면 나이 지긋한 어른들이 존경받는 사회가 되기를 꿈꾸어본다. 나이 먹는 것도 서글픈데 꼰대 소리를 들어서야 되겠는가?

혼술, 혼밥,
혼숙보다 혼독

그야말로 숨 가쁘게 돌아가는 세상을 살아가노라면 바쁘고 바쁜 것이 우리네 삶의 모습이다. 어차피 혼자 태어나서 혼자 가야만 하는 인생길이다. 평소에 홀로서기를 연습해야 한다는 얘기다. 혼자 놀고 혼자 할 수 있는 것은 없을까? 지금 시대는 혼자 밥 먹고 혼자 술 마시고 혼자 잠자고 심하면 나홀로 저세상에 가는 시대다. 그러나 혼술, 혼밥, 혼숙보다 혼독은 어떨까?

모처럼 조각가인 **김지삼 교수**를 만나 점심을 함께했다. 요즘 어떻게 지내느냐고 물으니 매일 술을 마신다고 했다. 우한 폐렴으로 이동하거나 집단 활동을 자제하는 터에 어떻게 그럴 수 있느냐고 재차 물으니 웃으면서 "혼자 마시는데?…."라고 했다. 그렇다. '코로나' 때문에 일상생활조차 자유롭지 못하다. 그래서 그 친구에게 독서를 권해 주었다.

독서는 혼자 할 수 있는 좋은 취미이다. '독서삼매경'이라

하지 않는가. 독서만큼 몰입하기 쉬운 일도 없다. 몰입하는 순간 몸에서 엔도르핀이 분사되는 것 같다. 몰입의 즐거움은 맛본 사람만 안다. 책 속으로 빠져드는 몰입이야말로 마약보다 강하다. 책 속에는 긴 역사가 숨 쉬고 있다. 그 흐름 속에 수많은 위인의 삶이 녹아있다. 새로운 지식 정보 등을 통해 새로운 것을 만나는 즐거움 또한 크다. 책은 가득 차는 충만감을 맛보기에 충분하다.

독서를 특별한 이벤트가 아니라 보통의 습관으로 만들어야 한다. 글 읽기를 가까이하지 못하는 사람들은 글 읽기는 큰마음 먹고 이따금 해야 하는 특별한 일로 생각한다. 그래서 이런저런 환경이 만들어질 때 비로소 책을 가까이할 수 있다고 생각하기 쉽다. 그러나 독서는 언제, 어디서나 할 수 있는 일이다. 하루에 10분도 좋고, 20분도 좋다. 아무리 분주하게 살아가는 사람이라고 할지라도 그 정도의 시간을 낼 수 있다. 그렇게 자투리 시간을 이용해서 독서하는 것이 현대판 독서이다.

책의 중요 부분만 뽑아서 골라 읽는 방법을 익혀야 한다. 책의 전부를 꼼꼼히 읽어야 할 만큼 대단한 책들은 흔하지 않다. 우리들의 삶이 유한하기 때문에 그에 맞추어 책 읽기 습관도 달라져야 한다. 그것은 책 가운데서 진짜 요긴한 부분을 골라서 신속하게 읽어내는 습관을 갖는 것이다. 항상 시간이 유한하면 여러분의 인생도 유한함을 기억하라. 그렇다면 독서 역시 당연히 효과적인 방법을 찾아내야 한다. 책의 겉표지에 실린 편집자의 정성 어린 요약문을 찬찬히 읽어 보라. 서문을 관심 있게 읽어 보라. 그다음에 목차나 본문의 첫 부분 혹은 글의 결론 부분을 슬쩍슬쩍 읽어 보라. 저자가 무슨 이야기를 하고 싶어 하는지, 어떤 내용에 깊은 관심을 갖고 있는지를 우선적으로 파악할 필요가 있다.

책을 읽는 방법은 사람마다 또렷한 차이가 있다. 책에 좀처럼 줄 긋기나 표시하는 것을 싫어하는 사람들도 있지만, 필자의 생각은 조금 다르다. 나는 중요한 정보는 두뇌 속에 깊이 각인할 필요가 있다고 생각한다. 그리고 한 번 체크한 정보를 이다음에 손쉽게 이용할 수 있도록 정보를 확인해 놓는 작업이 이루어져야 한다고 생각한다. 어떻게 하는 것이 좋을까?
붉은색 펜 등을 이용해서 줄 긋기, 도형으로 표기하기, 책 모서리 접기, 포스트잇 이용해서 표시하기 등 다양한 방법을 이용해서 중요 부분에 대한 흔적을 남겨 두는 것이 좋겠다.

책 읽기와 말(발표)하기, 그리고 글쓰기를 병행하면 효과는 만점이다. 읽는 것만으로 충분하지 않다. 읽기를 통해서 얻은 지식은 다른 사람에게 표현하거나 글쓰기를 통해서 완전히 자기 것으로 만들 필요가 있다. 혼자 하기 힘들다면 '독서 클럽'에 가입해서 함께 해보는 것도 좋을 것이다.

시국은 어렵지만
나는 '퍼스트 클래스'다

　화향백리(花香百里) 주향천리(酒香千里) 인향만리(人香萬里)라는 말처럼 몽골 여행 전문가인 양○○ 대표에게는 왠지 끌리는 향기가 있다. 그가 운영하는 여행사 이름도 '지구촌세계일주'다. 이름에서도 지구촌 곳곳을 누비고 싶은 충동을 느끼게 하는 것처럼 '양○○'라는 사람의 곳곳을 알고 싶어진다. 몽골 여행이 주는 매력은 끝없는 대초원에서 풀 뜯는 가축과 말 탄 유목민들의 모습이다.

　어떤 이는 낙타를 타고 사막을 거니는 모습에 매료되었다고 한다. 반면에 몽골을 구석구석 돌아본 여행자는 숨어 있는 비경을 보고 감탄하기도 한다. 밤하늘에 쏟아지는 초원 위에 게르라는 텐트를 치고 모닥불 피워놓고 노래하며 말을 타고 초원을 달리며 추억을 만드는 몽골 여행을 윤치영 YCY 대전면접스피치교육원에서 4박5일 여행으로 기획하고 있다. 어느 자리에선가 양○○ 대표가 선뜻 한 말이 뇌리에 꽂힌다.

멋없으면 안 만난다_ 무서운 말이다. '나는 멋이 있나?'란 반문을 갖게 하는 말이기 때문이다. 음식은 맛있어야 먹고, 사람은 멋이 있어야 끌린다. 멋은 외모에서도 나오지만, 내면에서도 나온다. 명쾌한 언변, 가식적이지 않고 솔직한 성격 등이 매력의 포인트다. 거기에 실력까지 겸비했다면 더할 나위 없으니라. 실력이란 지력, 감성력, 체력일 터이고 그도 저도 아니면 재력이 아닐까 한다. 난 다른 이들에게 관심을 끌 만한 멋을 가지고 있는 사람일까?

이윤과 자존심을 바꾸지 않는다_ 옛날에는 집에서 기르는 닭이나 토끼 심하면 개까지 서리를 했었다. 개를 잡는 방법은 간단하다. 긴 막대기에 고깃덩어리를 꽂은 다음 그 고기를 끓는 물에 넣었다가 꺼내 자고 있는 개 코앞에 갖다 대면 구수한 냄새를 맡다가 덥석 물게 된다. 그러면 뜨거운 고깃덩어리가 입에 달라붙어 깽소리 못 하고 끌려오게 된다. 이처럼 먹잇감이라고 아무것이나 물면 개망신당한다. 아무리 배가 고파도 체면이 있고 자존심이 있는 것이니 상황을 살필 줄 아는 지혜가 필요하다. 그래야 소탐대실하지 않는다. 아무리 이윤이 있을지라도 정도가 아니면 가지 않아야 하고 하지 않아야 한다.

책을 읽지 않지만, 사람은 읽는다_ 사실 새로운 사람을 알아간다는 건 참 설레고 흥분되는 일인 것 같다. 그 사람의 관심사, 습관 그리고 그 사람만의 색깔들을 이해하려고 다가서다 보면 그 사람만의 향기를 느끼기도 한다. 막무가내로 정이 가는 사람이 있다. 그런 사람들과 얘기를 나누면서, 한참을 지탱해 나갈 힘을 얻는다. 누군가를 생각하면서 맘이 따뜻해져 오고, 가득한 느낌, 외롭지 않은 느낌, 참 부자가 되는 날이다. 그렇게 맘이 부자가 될 수 있는 날에는 아주 조그마한 것에서 행복을 찾게 되고, 힘을 얻게 된다. 사람이 길이고 사람이 희망이고, 사람이 즐거움이다. 그래서 책보다 사람이 재미있다. '멋없으면 안 만난다. 이윤과 자존심을 바꾸지 않는다. 책을 읽지 않지만 사람은 읽는다.'라는 지론을 갖고 있는 양동기 대표에게 강한 매력을 느낀다.

세상에서 성공한 사람들의 밀도가 가장 높은 곳은 비행기의 일등석인데, 퍼스트 클래스 승객들만의 행동과 습관을 지켜본, 한 스튜어디스가 책을 펴냈다. 그중에서 몇 가지를 꼭 소개하고 싶다. 일등석 사람들은 펜을 빌리지 않는다고 한다. 항상 메모하는 습관이 있고, 모두 자신만의 필기구를 지니고 다녔다. 메모는 최강의 성공 도구이다. 기록하는 행위는, 상대에게 신뢰를 주고 아이디어를 동결 건조시켜 보존해 준다.

일등석 사람들은 대화를 이어주는 '톱니바퀴' 기술의 전문가라는 것이다. 퍼스트 클래스의 승객은 정말 흥미진진하게 다른 사람의 이야기를 듣는다. "그래서 어떻게 됐지요?", "그럼, 어떻게 하는 게 좋을까요?" 하면서 상대방의 말을 끌어낸다. 일등석 사람들은 승무원에게 고자세를 취하지 않는다는 것이다. '바쁜 중에 미안하지만'과 같이 항상 완충 어구를 덧붙이며 말을 건다. 그리고 일등석 사람들은 주변 환경을 내 편으로 만든다. 퍼스트 클래스에 동승한 자신과 같은 처지에 있는 다른 승객에게 인사하는 것은 매우 효율적인 인맥 형성 방법이라는 말을 되새기고 싶다. 왠지 끌리는 사람이 되는 비결이기 때문이다.

그녀만 보면
흥분되는 이유는 뭘까?

　상록회계법인 김혜영 대표, 나이가 찼는데도 시집은 안 가고 일에 빠져 있다. 최근 세무법인 대표님들이 YCY 소통명사 과정에 입문 수학하면서 세무사, 회계사들이 얼마나 바쁘게 사는지 알만하다. 엄청 바쁘다. 그 와중에도 잠깐 다른 일까지 벌여 외도까지 했지만 그 일을 접었다고 한다. 많은 교습비를 내고 말았단다. 그만큼 성숙하고 다져졌으리라.

　그렇게 바삐 살고 있으니 언제 연애하고, 언제 운동하고. 언제 사랑하겠는가?

　어느 정도 시간이 되면 일손을 놓고 인생을 즐기겠다고 하니 다행이다. 그런 그녀를 보기만 하면 흥분되는 이유는 뭘까? 스승이 제자를 이성으로 보지는 않을 터인데 말이다. 그녀에게 홀릭 되는 매력이 있다.

　첫째 누구도 모방할 수 없는 열광적인 기질이다. 4, 5년 전에 모 대학 CEO 과정에 출강을 나갔다가 뒤풀이에 합세했었는데 필자를 찾아와 호들갑스럽게 "교수님, 교수님, 저는 오늘 강의 듣고 존경하게 되었습니다. 제 생애 최고의 명강의였고 완전 감동이었습니다."라며 애교스럽고 익살스럽게 술잔을 따르고 말을 섞었다. 그 열광적인 리액션이 사람을 홀리게 한다.

둘째는 지조이다. 원칙도 기준도 없이 이랬다저랬다, 왔다리 갔다리 하는 사람들이 얼마나 많은가? 그녀에게는 확실한 원칙과 기준이 있다. 그래서 더욱더 좋다. 그런 그녀에게 YCY 소통명사 과정을 권면하니 추호도 망설임 없이 입문했다. 의리도 있다. 존경하는 스승이 하라니 돈만 내놓고 시간이 없어 수학을 못 하고 있으니 안타까울 뿐이지만 올가을쯤에 꼭 참석한다 하니 그나마 다행이다. 그런 원칙과 기준 그리고 의리가 사람을 홀리게 한다.

셋째는 시대감각이다. 패션부터 마인드까지 젊고 감각적이다. 언제 노래를 배웠는지 최신곡으로 분위기를 압도한다. 무대가 좁을 정도다. 완전 핫하고 압권이다. 시대와 계절 감각을 아는 센스가 사람을 홀리게 한다. 30년 전에 만났었더라면 프러포즈하고도 남을 정도로 홀리게 하는 그녀는 두고 볼수록 매력이 넘치는 '볼매'다.

믿고 맡기는
박○○ 총경

○○경찰서 서장 시절부터 ○○경찰청, ○○경찰서, ○○경찰서를 거쳐 지금은 대전경찰청 공공안녕정보외사 과장으로 봉직 중인 박○○ 총경과는 직간접적으로 인연이 깊다. 한결같이 강직하면서도 빠른 판단력과 친절 공정하면서도 반듯하지만 매서운 카리스마에 부드러운 유머 감각까지 지닌 분으로 정이 새록새록하다.

필자는 박○○ 총경에게 세 번 놀랐는데 그 첫 번째는 언제 어디서나 반듯한 경찰관으로서의 기품이다. 한 번은 충남경찰청에 방문 환담을 나누고 내려오는데 굳이 위층 집무실에서 1층까지 내려와서 일일이 악수하며 배웅해 주는 모습에 '리더는 행동으로 말한다.'라는 경찰관으로서의 반듯한 기품을 엿볼 수 있었다.

두 번째는 YCY 교육포럼 번개 산행에 초대해 현충원 둘레길 등 몇 번에 걸쳐 산행을 같이했는데 매번 빠른 발걸음으로 산을 오르는 모습을 보면서 경찰관으로서의 막강한 체력을 느꼈다. 역시 문무를 겸비한 경찰관으로서의 면모를 보는 듯하여 자랑스럽기까지 했다.

　세 번째는 사적 모임에서 분위기를 이끄는 유연함과 유머 감각이었다. ○○경찰서 서장 시절, 동료들과 몇 명이 방문해 카페에서 커피 한 잔 나누게 되었는데 눈치도 없이 연장자가 먼저 "아메리카노로 하겠습니다." 했더니 모두 '아메리카노'로 주문하는 불상사(?)가 벌어지고 말았다. "카페나 식당에서 주문 시 연장자는 마지막에 주문해야 한다."라고 일침을 주셔서 크게 웃었던 기억이 난다. 이처럼 순간적인 상황을 놓치지 않고 순발력을 발휘해 좌중을 흔드는 유머 감각까지 갖고 있다.

송재웅 회장,
그는 누구인가

'송재웅' 회장 하면 떠오르는 것이 있습니다. 그것은 '백두대간 왕복 종주, 9 정맥을 섭렵한 산악인', '헌병대 수사과장으로 군 생활을 오래 하셨던 분이라 촉과 감이 예사롭지 않은 분', '덤(dumb)이란 생맥줏집을 좋아하는 분'이라는 것입니다.

4~5년 전 '큰사모'란 모임에서 강원도 동해를 여행하게 되었는데 직접 가이드를 맡아주셨죠. 현지인 전문 가이드처럼 자상하게 가이드하는 모습이 참 인상적이었습니다.

그 답례로 춘천닭갈비집에서 저녁을 대접하면서 사적인 친분을 쌓게 되었고 지금은 YCY 교육포럼 자문위원으로 모시게 되었습니다. 송재웅 회장은 '강원도민회 대전세종 회장'으로 오랫동안 봉사해 오셨고, 지금은 '○○사랑 봉사회' 회장으로 큰 그림을 그려 나가고 계십니다. 'YCY 교육포럼'도 ○○사랑 봉사회 산하에 'YCY 봉사회'란 이름으로 참여하고 있습니다.

송재웅 회장의 주관으로 평창동계올림픽에 봉사단으로 참가했던 기억을 잊을 수 없습니다. 2018년 평창 동계 올림픽 당시 봉사단으로 세계적인 역사의 현장에 참여했던 일은 평생 잊지 못할 추억이 되어 버렸습니다. 공식 마스코트로 서쪽을 지켜주는 신령한 동물인 백호를 캐릭터화했고 올림픽 정신인 세계 평화와 올림픽에 참여하는 선수, 관중 등을 지켜준다는 의미의 '수호'와 호랑이와 강원도를 대표하는 정선 아리랑의 '랑'을 합쳐 씩씩하며 도전 정신과 열정이 뛰어난 캐릭터인 수호랑 배지를 지금도 간직하고 있습니다.

'YCY 교육포럼'도 'It's a mind game(행복도 성공도 다 마음의 게임이다), 긍정적 상상을 하며 행동하라, Action here & now'는 의미가 담긴 배지를 제작해 회우들께 행복과 성공의 진리를 전하고 YCY의 소속감을 갖도록 독려하고 있습니다.

YCY 교육포럼은 '자기 계발, 상부상조, 사회 기여'란 기치를 내걸고 '재미있게 건강하게 축복하며' 짝수 달에 명사 초청 강연과 격조 있는 사교장으로 친분을 나누고 있으며, 동호회로는 골프, MTB 라이딩, 맛 트레킹 여행 등이 있습니다.

몇 년 전 제주 여행을 함께하며 한라산 백록담과 사려니 숲길을 트레킹하면서 송재웅 회장의 백두대간 왕복 종주, 9 정맥을 섭렵한 실력을 확인할 수 있었습니다. 자기 한 몸 추스

르기도 어려운데 체력이 달리는 회우들의 배낭을 받아 앞뒤 가운데로 배낭 세 개를 매고 백록담을 향해 오르는 모습을 보며 감탄을 금할 수 없었습니다.

헌병대 ○○과장으로 군 생활을 오래 했던 분이라 촉과 감이 예사롭지 않고 그 사람의 눈을 보면 진정성을 알 수 있다며 예리함을 보이기도 합니다. 성격이 앗쌀해서 리더로서 카리스마를 갖고 있기도 하죠. 생맥주를 좋아하셔서 만나면 '덤(dumb)'이란 단골집을 참새집처럼 지나칠 수 없었답니다. 합석이 잦아지면서 부담을 느낄 때도 있었기에 지금은 "한 잔만 하겠습니다."라면서 양해를 구하니 서로 이해하고 양보해 편해졌습니다. 때론 자리가 부담스러워 의무적으로 했던 일들을 반성하면서 이제 못 나눌 얘기가 없을 만큼 흉허물이 없는 막역한 사이가 되었습니다.

송재웅 회장은 무던히 자리를 양보해 주고 상대방을 위해 기꺼이 자리를 채워주며 진정 '좌시(座施)'를 아시는 분입니다. 늘 'YCY 교육포럼' 행사에 자문으로서 참여해 주고 계시며 'YCY 소통명사 과정(매주 월, 화요일 저녁강좌)'에도 인재를 보내 주시는데 망설임이 없습니다. 지금은 맛집 단홍갈비 유성점 박미용 대표, 이종환의 쉘브르 7080 김○○ 대표, o블란트 치과 정○○ 원장, ○○ 세계일주 양○○ ○○관광협회장 등 귀한 분들이 함께 하고 있습니다.

　빠르고 확실한 관계를 맺으려면 맛난 음식을 먼저 대접하고, 많은 시간을 공유할 수 있어야 합니다. 지내보면 압니다. 송재웅 회장은 입술 따로 행동 따로 임기응변으로 '립서비스'나 하는 분이 아닙니다. 행동으로 보여주고 말에 책임을 질 줄 아는 행동파 리더입니다. 그런 송재웅 회장께 존경과 사랑과 찬사의 박수를 보내드립니다. 존경합니다. 사랑합니다. 감사합니다.

○○블란트 치과
정○○ 대표원장의 성공 신화

치과에 들어서는 순간 화이트컬러의 인테리어와 천장 전체까지 흰색 조명으로 산뜻하고 세련된 현대적 감각이 확 들어왔다. 보철 전문의인 정○○ 대표원장을 비롯한 3인의 전문의와 15명 직원이 가족처럼 예쁘게 공을 들여 진료하는 곳이다. 참고로 치과의사 중 보철 전문의는 100명 중 3명으로 최고의 엘리트라는 것이다.

한양대학교병원 보철과에 입학하여 수석으로 보철의 자격증을 취득한 실력파라며 살짝 귀띔해 주었다. 팬데믹 시대에도 불구하고 하루에 찾아오는 환자는 120%인 100여 명의 환자를 진료하고 있는 성공적 신화는 어디에 있을까? 비교적 긴 시간 동안 인터뷰하면서 확인된 사실은 다음과 같다.

첫 번째는 '백종원'처럼 원칙을 지킨다는 것이다. 식당은 맛으로 승부하고 병원은 진료로 승부해야 한다고 강조하신다. 보철 재료와 가격을 절대 속이지 않고 최고로 좋은 재료와 최적의 진료를 한다는 것이다.

두 번째는 진료하는 일 자체가 살아있는 증거라며 병원 생활을 즐긴다는 것이다. 하루에도 수많은 환자가 찾아오지만, 그 시간이 감사하고 즐겁다는 것이다. 일이 즐거우면 천국에 사는 것이다. 노블란트 치과가 곧 천국이다. 윤치영 박사도 강의할 때가 가장 살아있음을 확인하는 순간이기에 둘은 천국이란 같은 동네 사는 주민이란 사실을 확인하며 하이 파이브를 했다. '아자~!'

세 번째는 인간적이라는 것이다. "배우가 되고 싶은 연기자 조달현입니다."라고 자기를 소개하는 연기자 '조달현' 씨는 아직 배우가 되지 못한 이유는 연기력이 부족해서도 아니고 인맥이 닿지 않아서도 아니며 오로지 인간적이지 못했기 때문이라고 '세바시'에서 고백했던 장면이 떠오른다. 정성우 대표원장은 의사이기 전에 인간이었다. 충분히 인간적이기 때문에 노블란트 치과 직원과 잘 융화되고 환자와도 잘 소통하고 있다는 것이다.

봉사로 진료받는 환자들은 선택권이 없다고 한다. 선택권이 없다면 보급형 임플란트 재료를 쓴다는 말인가? 아니었다. 최고의 재료로 치료해 주는 것이 진정한 봉사라는 말에 다시 한번 감동하였다.

백 세 건강 장수를 위해 무엇보다 건강한 치아가 중요한데 이를 위해 조언을 부탁드리니 "건치를 유지하는 것이 제일보이며, 식사 후 양치질하기, 주기적인 검진 받기, 한 치과에서의 *꾸준한 진료*"의 필요성을 강조하셨다.

슬하에 네 명의 딸이 있는데 주말이면 집인 서울에 올라가서 온전히 가족과 함께 지내고 있다. 내려오는데 잘 내려가셨는지 네 딸로부터 확인 전화를 받을 때 가장 행복하다고 한다. 어쩌다 스트레스받는 날엔 집에 들어와 '스피치의 힘 TV 윤치영 박사' 유튜브 채널을 시청한다고 한다.

하여 윤치영 박사는 동영상 내용을 '스피치'에만 국한하지 말고 일상의 소소한 생활들까지 담아내야겠다는 생각을 했다. 윤치영 박사는 끊임없이 책을 써내고 있기에 한 번만 히트 치면 '스피치의 힘 TV 윤치영 박사' 채널도 크게 회자될 것이란 믿음을 가지고 동영상 제작에 게을리하지 않고 있는 이유이기도 하다. 그렇게 바쁜 와중에도 YCY 명강사 과정 제4기에 수학 중이시다. 바쁘셔서 출석률이 저조해 유급 대상 제1호시다. YCY 명강사 과정은 바쁜 직장인들을 위해 유급제를 두었다. ㅎㅎ

화술 경영 윤치영 박사를 만난 것이 감사이고 윤치영 박사가 존경의 대상이라며 진심 어린 고백을 하셨다. 하여 윤치영 박사가 좀 더 크게 쓰임 받았으면 좋겠다며 앞으로 그 일을 전략 전술적으로 돕는 제자가 되겠다고 언약하셨다. 참고로 윤치영 박사는 본인이 자처하지 않으면 '제자'라는 표현을 하지 않는다. 하나 정성우 원장께서는 기꺼이 '제자'라는 표현을 쓰셨다.

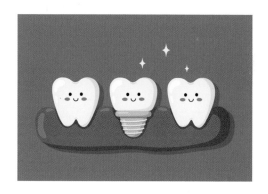

송미자 뮤지션,
좋아하는 이유

사람들은 '송미자'를 도대체 왜 좋아한단 말인가? 퓨전 뮤지션으로 활동하고 있는 송미자 송락예술단 단장. 배재대학교에서 성악을 전공하고 단국대학교에서 문화예술학 석사를 전공하였다. 그녀는 색소폰, 드럼, 피아노, 퓨전음악, 댄스, 5종을 배우고 있는 멀티플레이어다. 거기에 MC까지 영역이 넓다. 연예인 섭외부터 기획하고 연출 공연하는 만능 엔터테인먼트이다. 한동대학교 교훈이 "배워서 남 주자."라고 한다. 송미자 뮤지션이야말로 배워서 남 주는 여자이다. 평소 긍정적이고 적극적이어서 배우기를 멈추지 않는 당신이기에 스피치 명인 윤치영 박사가 좋아하는 첫 번째 이유이다.

두 번째 이유는 고마움을 결코 저버리지 않는다. 당신이 좋아하는 음악 모임 라뮤즈에서 활동할 수 있는 인연을 만들어 줬다는 것을 잊지 않고 계신다. 사람들은 자기 잘난 맛에 산다고 하는데 은혜를 잊지 않는 의리는 그녀의 성공 스토리를 쓰고 있는 기반이 된다.

세 번째는 호쾌함이다. 몇 해 전 배재대학교 대학원 최고경영자과정 강의를 나갔는데 앞에 앉자, 강의를 듣고 있는 것을 발견했다. 강의가 끝나자 반갑게 인사 나누고 윤치영 박사가 야심 차게 설계해 진행하고 있는 'YCY 소통명사 과정'을 권면하니 1초도 망설이지 않고 그다음 날 등록하여 좌시(座施)하시며 스피치와 내공을 다시셨다. 입심(話力) 또한 만만치 않으시다. 웃긴다. 엄청… 그 힘은 솔직함이다. 어찌 당신이 처녀 시절 파혼당한 사실을 거침없이 말할 수 있으랴. 그것도 한 번도 아니고… 그런 자신을 끔찍이 좋아하는 남편이 자기 스타일이 아니라며 응석(?)을 부리는 모습은 가히 웃음바다를 방불케 한다.

그런 장점들이 사람과 돈을 붙게 하기에 충분하다. 지금은 대전법원 앞 '썸타7080라이브'를 운영하고 계시다. 그리고 소령 진급을 앞둔 아드님은 군대 생활을 접게 하고 본인이 하고 싶은 일인 요식업에 뛰어들게 하여 건양대병원 앞 '건양타워'에서 '이토우야' 스파게티 집과 돈가스 집을 운영하고 있다. 사업수완도 만만치 않음을 알 수 있다.

이제는 몸값이 하늘에 닿을 만큼 출연료도 만만치 않다. 미스트롯 가수들 버금가는 몸값이어라. 그래도 겸손을 잃지 않는 모습은 존경을 넘어 좋아하지 않을 수 없는 것을 아시는지 모르시는지 오늘도 배우기를 멈추지 않고 사서를 받기 위해 바삐 달려가신다.

무엇이 내 가슴을 뛰게 하는가
_ 박종학 지휘자

    KAIST에서 정년 이후 더 바삐 행복하게 사시는 박종학 지휘자님을 모시고 '행복한 삶'이란 주제를 가지고 인터뷰를 했습니다만 한 편의 강의를 듣는 것처럼 유익하고 감동적이었습니다.

    닮고 싶고, 따라 하고 싶은 분이라면 SBS 김정석 단장, '해설이 있는 음악회'에서 음악과 삶을 얘기하셨던 금난새 지휘자인데 저도 노래하며 강의하고 싶습니다. 어떻게 하면 노래를 잘할 수 있을까요? 타고난 달란트(talent)도 중요하지만 후천적인 노력도 중요하다고 생각합니다.

    1) 어떻게 하면 행복하게 살 수 있을까요?_ 특별한 시간과 공간을 준비하는 게 아니라 일상이 행복입니다. 기독음대 지휘과 교수를 역임하시고 성남장로교회와 시온성교회에서 장로로 합창단 지휘자로 섬기고 계시고 한소리 음악회, 21C 포

럼, 더클라츠에서 음악과 연주 그리고 음악 치유에 관한 강의를 하고 있습니다. 그렇게 바삐 움직이는 일상이 행복입니다.

2) 저는 '해불양수', '근자열 원자래', '자업자득'이라는 철학을 가지고 YCY 교육포럼을 끌어가고 있습니다. **어떻게 하면 좋은 관계를 유지할 수 있을까요?**_ 지휘자로서 관계 유지가 중요합니다. 나를 내려놓는 지혜와 먼저 손해 본다는 자세로 내가 대접받고자 하는 바를 먼저 대접하는 자세가 중요합니다.

3) **정년 이후 어떻게 살아야 할까요?**_일만 잘하지 마시고 '한비야'가 "무엇이 가슴을 뛰게 하는가?" 강연에서 말한 것처럼 자기가 좋아하는 일을 찾아 미리미리 준비해야 합니다.

4) **건강하고 젊게 사는 비결은 무엇일까요?**_ 지휘자가 장수하는 직업군에 들어가는데요. 끊임없이 공부하고 성장하는 삶의 자세가 중요합니다.

글로벌 리더가 되려면 한 손에는 자기만의 콘텐츠, 한 손에는 봉사하는 자세가 중요하다고 강조하시는 박종학 교수님은 인터뷰 중에 다양한 경험과 식견을 가지고 지휘자라서 그런지 끊임없는 제스처와 리듬감으로, 열정적으로 말씀하시는 모습을 보면서 '스피치를 잘하는 방법'이 되겠다는 깨달음을 주셨습니다.

　YCY 교육포럼 4월 신춘맞이 포럼에 연사로 모시고 싶습니다. 주제는 '정년 이후에도 행복하게 사는 법'이면 좋을 듯합니다.

참 인간적인 남자
'정○○'

어제 갈비에, 맥주에, 음악에, 늦게까지 함께하고 헤어진 후 정○○은 운동 삼아 걸어서 집에 도착한 시간이 새벽 3시 경이라고 한다. 그리고 오늘 6시에 기상, 산책으로 컨디션을 회복하고, 성모병원 통증의학과 간호사로 재직 중인 사모를 병원에 모셔다드리고, 죄도 없는 윤치영 박사를 불러내 파리 바게뜨에서 자색고구마 라테, 핫초코 라테를 주문해 놓고 '나 때'를 논하고 있다.

"잠이 부족하지 않느냐?"라고 물으니 부족한 잠은 이동 중일 때는 강가에 차를 주차해 놓고, 작업 중에는 적당한 공간에서 30분~1시간 정도 쪽잠으로 채운다고 한다. 그 점은 필자와 같다. 30분~1시간 정도 자는 잠이 수면 효과가 크다.

경제문제로 학교에 다녀온 이후 사람이 깊어진 듯하다. 깊이도 있고, 배려도 있고, 사람 냄새가 물씬 난다. 그런 정영중 대표를 보고 사람들은 '경계 인물 1호'라며 조심하라는 조언을 서슴지 않는다. 각자 쓰고 있는 색안경으로 말이다.

세 번의 원청 부도로 인한 연쇄 부도, 2019년도 2월 공장의 화재로 인한 충격에서 헤어나기도 전에 학교까지 다녀왔으니 그럴 만도 하다. 그러나 그에게는 믿을만한 구석이 충분히 있다. 인간적인 진솔함, 자기 개방을 서슴지 않는 자신감, 그리고 순리를 역행하지 않는 단순하고 무지한 듯한 지혜로움, 인애정신…. 그래서 하늘이 스스로 돕는 듯하다. 덕을 쌓으면 하늘도 무심치 않는다.

현재 상업용 중앙 냉난방 시스템 기업 스마트 ENG는 고속 상승 성장 업체이다. 이처럼 승승장구하고 있는 기운을 이어 사회적 기업으로 성장 발전시키겠다는 포부를 가지고 있다. 그래서 사회복지에 기여하고 싶다고 한다. 한때는 대인기피증 실어증까지 얻은 상태에서 무슨 일을 도모할까? 싶었다. 하지만 이를 지켜보던 지인과 후배들이 자기 일처럼 등에 업고 함께 해준 덕에 다시 일어서게 되었다. 하루를 쉬지 않고 수주가 들어오고 있으며 큰 기업의 수주도 눈앞에 있다. 입소문이다. 고객의 입장에서 시공하는 자상함이 고객 감동으로 새로운 고객을 낳는다.

오늘 파리바게뜨에서도 그렇다. 윤치영 박사 영역에 들어왔으니 카드를 꺼내 들고 결제를 하려니 정 대표가 황급히 배추 잎새를 꺼내며 이것으로 결제해 달란다.

'아우야, 형이 결제하면 안 되겠니?' 그 사이 카운터 아가씨가 환한 미소를 띠며 현금을 받는 것이 아닌가? '이런! 현금이 세다'라는 것은 알았지만 현금한테 한 방 맞는 기분으로 어이없어하는 순간 남은 돈은 키핑해 놓으라는 것이다.

'헐, 현금 키핑도 하네.' 현재 남은 현금님은 33,000원으로 키핑에 들어가 계시다.

이처럼 정○○ 대표에게 천운이 닿은 이유는 지금껏 쌓아온 사람과 인간적인 모습으로 맺어온 관계 때문인 듯하다.

그런 그에게 따뜻한 마음으로 조용히 응원의 박수를 보내며 사무실로 올라간다.

필자도 오늘 개인 코칭과 저녁에는 YCY 소통명사 과정 강의가 기다리고 있다.

말은 관계야. 관계의 핵심은 사람이고, 나는 내 필요보다 상대를 먼저 생각하면서 말해…. 말에 사람이 들어 있으면 금이고, 사람이 빠져 있으면 똥이야…. '내가 무엇을 말할까?'가 아니라 '이 사람에게 어떤 힘을 부여할까?'가 우선이야. 자부심, 자존감, 쓸모, 존중받는 느낌, 이런 게 다 힘이거든….

자기에게 힘을 주는 사람을 싫어하는 사람은 없으니까… .
『너의 말이 좋아서…』

골프 프로 중에 말 없는 레슨이 있다. 느낌으로 감으로 배우는 바가 크다. 오늘 잠깐 고요한 강물을 바라보며 가끔 들리는 물새 소리를 들었다. 이쪽에서 꾸르르~ 하면 저쪽에서 꾸르르~ 화답하는 소리를 들었다. 고요하지 않으면 분별할 수 없는 소리의 차이를 확연히 들었다. 칭얼대지 마세요. 짜증 내지 마세요. 어렵다고 우는 소리하지 마세요. 세상은 그런 당신을 동정할 만큼 한가하지 않습니다.

가능성을 말하세요. 긍정적으로 말하세요. 의욕적으로 말하세요. 그래야 세상이 기회를 줍니다. 그래야 세상이 응원합니다. 그래야 이뤄집니다. "할 만합니다.", "나쁘지 않습니다.", "할 수 있습니다." 긍정할 줄 알아야 이긴다.

김은옥 쉘브르 대표와의 여행

모처럼 1박2일짜리 부산 여행이었다. 13명이 전원 참석하는 쾌거이기도 했다. 2주년을 마무리하고 3년 차로 들어가는 마당에 추억이란 이름으로 소복하게 쌓았다. 매달 특별한 목적 없이 수다를 떨며 스트레스를 푸는 작지만 강한 결속력을 갖게 하는 모임으로 거기에 목돈까지 태우는 이런 모임 한두 개 갖는 것도 나쁘지 않을 것 같다. Not bad….

부산에 왔는데 연락하지 않을 수 없는 분이 있다. 영덕에서 부산까지 한걸음에 달려와 준 김상태 님이다. 고향은 영덕, 직장은 부산, 마음은 대전에 있는 듯하다. 거리를 마다치 않고 YCY 행사에 참석해 주는 의리 또한 뜨거운 분이다.

10톤급 요트로 오륙도를 다녀오는 선상의 특별한 즐거움, 아는 사람만 아는 부산 용호동 어부촌에서의 싱싱한 바닷장어와 자연산회 맛집 투어와 송도 해상케이블카, 태종대 다누비 열차, 짧지만 파도를 만지며 트래킹 할 수 있는 송도와 태종대 갈맷길, 복 정식 요리까지 부산의 맛과 운치를 즐기기에 하루 해가 짧기만 했다.

원초적 본능까지 거침없이 쏟아내는 언어유희 속에 소꿉친구 같은 쏠쏠한 재미와 정겨움까지 느꼈다. 수고해 주신 모든 분께 고마움을 전하고 싶다. 특별히 KTX를 타고 개인적으로 뒤늦게 참석해 준 김○○ 의원, 또 중간에 KTX로 빠져나가는 모습을 보며 그의 큰 뜻에 응원의 박수를 보낸다. 대아상사 윤계중 대표 또한 뒤늦게 참석하셨다. 개인적으론 파평 윤씨 소정공파 34대손으로 할아버지 뻘이시기에 처신이 매우 어렵다. 한승희 메이크업 한승희 대표는 끝날 무렵 참여하는 그 책임감 그리고 그 소속감에 무한한 사랑의 마음을 전하고 싶다. 짧지만 긴 여운이 남는 여행이었다.

늘 여유작작 웃음을 잃지 않는 김은옥 쉘브르7080 대표는 필자와 할아버지와 손주의 관계를 즐기는 것 같다. 나뿐인 사람 같으니라고… Don't worry Be happy….
박장대소 그 웃음소리가 밉지 않다. 그녀는 어느 남자나 잘 어울리는 여자다.
언뜻 들으면 바람기 있는 여자로 들릴지 모르겠지만 그만큼 친화력이 있다는 말이다. 뛰어난 미모나 매력이 있는 것도 아닌데 거부할 수 없는 은근한 끌림은 어디에서 나오는 것일까?

늘 필자의 머리에서 뛰놀고 있는 그녀에게 물었다.

"당신의 은근한 매력이 무엇이냐?"고. "주변에서 뭐라고 해도 '나는 나'란 마음으로 자신을 지켜나간다고 한다. 그러다 보면 주변이 평정이 된다."라는 것이다.

내가 나를 지키는 평정이 주변을 평정시킨다는 그녀의 눈빛에서 거부할 수 없는 라포(Rapport)를 느낀다.

그녀와의 마음의 유대는 그녀에게서 읽을 수 있는 평정심이었다. 그 평정심은 무리하거나 과장하지 않는 처세를 갖게 하는 것 같다. 7080 쉘브르가 코로나19에도 꾸준한 영업이 이뤄지는 것은 '와 달라'는 말보다 '갈 수 밖에 없는' 관계 형성에 있는 것 같다. 그만큼 네트워크를 잘 만들어 가고 있는 것이다. 의도적인 만남이라면 부담을 줄 수 있지만 의도적이지 않은 만남이기에 사람들을 자연스럽게 단골로 만드는 것이지 않을까. 결국 영업하지 않는 것이 그녀의 영업의 비결인 것이다.

세상에서 유일하게 수컷이 출산하는 해마처럼 쉽지 않은 일을 해내고 있는 김은옥의 꾸미지 않고, 물 흐르는 대로 자연스럽게 살아가는 그녀의 진솔한 삶의 모습과 영업방식에 조용한 응원의 박수를 보내련다.

우리는 하늘 아래 하나이기에… 우하하….

쑥 빠져버린
이유

　필자는 새로운 사람들을 많이 만나는 직업이다. 성인들을 대상으로 한 리더십, 소통, 처세, 역량 강화 및 자기 계발에 관한 책을 쓰고, 강의하고 코칭하는 퍼실리데이터이기 때문이다.

　최근에는 필자의 야심 프로젝트, 온전히 나를 나답게 만들고, 상대 입장에서 생각하고 행동하고, 나를 세상에 명사로 브랜드화하는 'YCY 소통명사 강좌'를 개설하여 '박수받는 스피치, 박수받는 인생'이란 모토 아래 지력과 감성력 그리고 몸과 마음까지 정화시키는 마인드맵, 브레인스토밍 기법에 창조적 사고법과 명상 기호흡을 통해 비움과 내려놓음으로 새롭게 나를 강화하는 강좌가 재미있게 진행하고 있으니 배우기를 좋아하고 시대의 변화를 받아들일 수 있는 비교적 긍정적이고 적극적인 사람들이 몰려들고 있다.

그런 필자의 폭넓은 인맥을 아는지라 어느 영향력 있는 사람을 소개해 달라는 부탁을 받곤 한다. 심지어는 급히 외국에 나갈 일이 있어 인천공항에 왔는데 표를 못 사고 있다며 비행기 표를 구매해 달라는 부탁까지 받은 적이 있다. 어떤 일을 추진하는데 '아는 사람이 있다'는 건 그야말로 큰 힘이 될 때가 많다. 어찌 되었든 그때마다 연결해 주는 편이라서 '종결자'란 별명까지 붙게 되었다.

최근에는 좋은 사람 소개해 달라며 이런저런 모양으로 자리를 함께하는 친구가 생겼다. 소위 정부미인데 일반미 못지 않게 이 일 저 일에 관심이 많고 적극적이고 오지랖이 넓은 친구다. 거기에 재즈, 색소폰, 드럼, 건반 등 다양한 악기 연주부터 싱어까지 되는 만능 엔터테인먼트다. 그의 예술적 재능과 끼가 놀라울 뿐이다. 최근에는 골프까지 입문해 짧은 시간에 기초를 다진 그가 구력이 20년 된 필자를 위협하기에까지 이르렀다. 그런 그를 살짝 경계하며 불가근불가원하고 있다가 결국 그의 매력에 푹 빠지고 말았다. 단지 오지랖이 넓은 것이 아니라 내면의 탄탄함과 의리를 지킬만한 진정성을 보았기 때문이다.

필자가 즐겨 입는 청바지에 흰 티를 받쳐 입고 나가면 똑같은 것을 입고 싶다고 하여 흰 티를 사주고, 필드 나가는데 가방이 없다 하면 여분의 보스턴백을 주었다.

최근 필자가 애마를 안락사시킨 뒤 스크린골프장에 갈 때 드라이버, 3번 우드, 유틸리티, 퍼터만 낱개로 챙겨 들고 다니는 모습을 보고 미니 골프채가 있다며 주는 것을 아까워하지 않는 마음 씀씀이가 예쁘고 고맙다.

필자의 머리 스타일을 보고 항상 단정하다며 "무엇을 바르느냐?"며 묻기에 머리 젤을 사주기도 했다. 이처럼 주고 받는 것이 형제와 같고, 현재 필자가 야심차게 진행하는 'YCY 소통명사 강좌'에 함께 하고 있으니 사제간이요. 출출할 때 벗이 되어주고 있으니 그야말로 호형호제 간이다.

어제는 그와 함께 스크린하며 이글, 버디 등을 골고루 보여주니 이 또한 즐거운 오락적 친밀감까지 생겼다. 이처럼 최근에 가장 자주 만나는 측근이 되어 버린 그가 든든하고, 자랑스럽고, 감사하고, 고마운 사람이니 얼마나 천만다행한 일이지 아니한가?

내년 초에 나올 책을 북펀딩에 도움 주시고 계신 지인들과 한국 스피치 웅변협회 대전 본부 발족에 임원으로 참여해 주고 계신 분들께 새삼 감사하고 고마울 뿐이다.

화술 경영 윤치영 박사는 평생 현역으로 어른스럽게 살고 싶다. 함께 하는 YCY 교육그룹 회원들과 더불어 건강하게 축복하며 재미있게… 그렇게 말이다. 절대 사람들 앞에서 험담이나 지적하지 말 것이며, 입은 닫고 지갑을 여는 경제적으로 심적으로 여유 있는 어른, 대접이나 받으려는 손이 많이 가는 어른이기보다는 솔선수범하며 늘 주변을 다독거려줄 줄 아는 어른, 앞만 보고 가는 고집 센 어른이 아닌 옆도 살필 줄 아는 선한 어른으로 남고 싶다.

온고이지신(溫故而知新)이란 사자성어가 있다. 즉 "옛것을 제대로 알고서 새로운 것을 안다."라는 기본적인 태도야말로 안정성의 기초이기에 그동안 소원했던 챙겨야 할 옛 친구가 생각나 다음 주에 회동하기로 했다.

예쁜 여자보다 성격 좋은 아줌마
_이호남 퀸입주이사청소대행사

　얼마 전 세계 여성의 날이었다. "전쟁을 시작한 자는 남자지만, 전쟁을 끝낸 사람은 여성들이었다."라고 베트남이 자랑하는 세계적 소설가 바오닌은 말했다. 여성은 위대하다. 그중에도 아줌마들은 더더욱 그렇다. 대한민국에는 깡순이 같은 아줌마들이 있어 든든하다. 어려울 때일수록 아줌마들의 역할이 크다. 억척스럽고 투박스러워 보이지만 누구보다도 눈부시고 빛나는 그들은 세상에서 가장 아름다운 사람들이다.

　남자들이 여성을 볼 때 세 가지 기준이 있다고 한다. 첫째, 예뻐야 한다. 둘째도 예뻐야 한다, 셋째도 당연히 예뻐야 한다는 것이다. 성형외과 전문의들에게 어떤 여자가 예쁜 여자인지, 미인의 기준은 무엇인지 묻는 질문을 많이 받는다고 한다. 그 대답이 재미있다. '예쁘게 생겼지만 본인이 예쁜 줄모르는 여자가 가장 아름다운 여자라는 것이다. 그다음 예쁜

여자는 못생겼지만 스스로 못생긴 걸 잘 아는 여자, 세 번째
는 본인이 예쁜 걸 너무도 잘 알고 있는 예쁜 여자, 맨 마지
막은 못생겼으면서 자기가 예쁜 줄로 착각하고 있는 공주병
환자다.

성형외과에는 못생긴 여성들만 오는 것이 아니라 누가 보
아도 잘생긴 여성들이 훨씬 더 많이 온다는 것이다. 그것은
애석하게도, 예쁜 여자들은 대부분 지나치게 예쁜 값을 하는
흠이 있다. 한마디로 얼굴값을 하는 것이다. 그러니 예쁜 아
줌마보다 성격 좋은 아줌마가 장땡이다. 이호남 복덩이 아줌
마도 그렇다. 성격이 호쾌해서 모든 사람이 좋아한다. 일머
리를 알아 일사불란하게 일을 정리하고 처리한다. 경우에 빠
지지 않는다. 사람을 보는 측이 있어 사람을 잘 분별한다. 솔
직해서 믿음이 간다. 단돈 만 원도 헛되이 쓰지 않고 결산이
투명하고 정확하다. 회식 자리 앞에서는 노래와 춤으로 분위
기를 리드할 줄도 않다. 잘 추는 춤도 아니고 잘 부르는 노래
는 아닌데 분위기를 잡는 기술은 어디서 나올까? 자존감이라
기보다는 자신감과 순발력 그리고 솔직함에서 나오는 에너지
가 아닌가 한다.

현재 퀸 입주 이사 청소 대행업을 하고 있는데 일머리가 깔
끔하다. 암팡지게 뽀드득뽀드득 광이 날 정도의 청소를 하니

만족도가 높다. 성격대로 맺고 끊는 것이 확실해서 벌써 입소문이 났다. 대전, 청주, 세종, 천안, 서산 동서남북에서 일이 폭주하고 있다. 모든 청소뿐 아니라 줄눈, 탄성 등 마루, 상판 코팅까지 책임 시공한다고 한다. 이 아줌마 별명이 복덩이다. 이 아줌마에게 이사 입주 청소를 맡기면 복이 덩굴째 들어온다고 해서 붙여진 별명이다. 직업도 투잡이다. 틈틈이 보험사 FC로도 활동하며 꼭 필요한 보험을 설계해서 미래와 사고에 대비해 주기도 한다.

예쁜 여자보다 성격 좋은 아줌마가 일도 잘한다. 그럼 성격이 좋다는 뜻은 무엇일까? 우연을 가장한 필연이랄까? 10년 전 대전면접 대전스피치 명문 YCY 대전스피치면접교육원 산하에 산악회 총무를 맞았다. 나이가 많으면 곧바로 오라버니, 언니이고 어리면 말을 놓는 친화력이 대단하다. 내숭 떨지 않는다. 솔직하다 못해 직구형에 가까워 거침이 없다. 개중에는 상처를 입는 사람도 없지 않은 듯하지만 곧바로 풀어버린다. 그래서 살짝 무서워하는 사람도 있는 듯하여 일처리에 딴지를 걸지 못한다. 원칙과 경우에 빠지지 않기 때문이다. 그런 성격이 좋은 성격이지 않을까? 그렇다고 밉상도 아니다. 얼굴은 작고 예쁜 편이나 몸매는 선머슴 같다. 그래서 이름이 '호남'인가보다.

일을 잘하다 보니 바로 YCY 교육포럼의 중책을 맡았다. 그것도 없는 자리 만들어서 총괄 위원장이다. 솔선수범 궂은 일을 마다치 않고 하니 자리가 스스로 확고하다. 어느 모임이든 손님처럼 대접받으려는 사람들이 있다. 소위 공주병 왕자병 환자들이다. 처음에는 대접받을지 모르지만 시간이 지날수록 냉대받는다. 스스로 챙겨서 섬기고 봉사하면 오히려 대접받고 결국 그 모임의 살림을 좌지우지하는 주인행세를 하게 된다. 당신은 만년 손님 행세를 하는 Outsider인가? 늘 챙기고 보살피는 주인행세를 하는 Insider인가?

미안한 마음 대신
감사한 마음으로

많이 미안해서 많이 아파했다. 죽고 싶을 만큼…. 사랑의 반대말은 무관심이라고… 무관심이 한 사람을 얼마나 많이 아프게 했을까? 남자가 세상에 태어나서 세 번 운다고 한다. 한 번은 태어날 때이고, 또 한 번은 군대 갈 때이며, 마지막 한 번은 부모님 돌아가실 때라고 하는데… 나는 한 번 더 울었다. 십수 년간 함께한 아내를 잡지 못하고 보낼 때 마음속으로 두고두고 울었다. 생각할수록 미안했다. 용서가 될지 모르지만 용서를 구하고 싶다. 아프게 해서, 외롭게 해서, 미안하다고… 혼자 밥을 먹을 때, 혼자 걸을 때, 혼자 있을 때 울꺽울꺽 복받쳐오는 미안함으로….

그러나 이제 아파하지 않기로 했다. 미안해하지 않기로 했다. 대신 감사함으로 보답하기로 했다. 함께해 줘서 고마웠고, 참아줘서 고마웠고, 미워하지 않아서 고맙다고 그 고마운 마음이라도 전하고 싶다.

그나마 교육공무원인 딸과 감정평가사인 사위 곁으로 갔기에 다행이고 감사하다. 아들은 셰프가 되기 위해 호주 유학을 준비했는데 코로나로 발목이 잡혀 주저앉아 있다. 그 아들이 세상에 잘 자리 잡도록 도와주어야 한다. 아들아, 믿는다. 대기만성을….

태어나고 죽는 것, 만나고 헤어지는 것, 모든 것이 자연사이니까. 이 세상은 영원하지 않으니까… 있는 그대로 받아들이기로 했다.

햇빛도, 바람도, 생사도, 앞에 놓은 멸치국수도 그냥 감사하며 받아들이기로 했다.

아파한다고, 슬퍼한다고 되돌릴 수 없다면 집착하지 않기로 했다. 얽매이지 않기로 했다. 순응하기로 했다. 있는 그대로 온전히 받아들이기로 했다. 측은지심으로 용서하며, 감사하며, 고마워하며 살기에도 짧은 인생이란 것을….

그립고
설레고
아쉬워하고
그렇게 사는 게 인생이다.

바로 정이다.

바로 사랑이다.

바로 함께함이다.

그리움, 설렘, 아쉬움

우리네 인생의 트라이앵글이다.

특별한
초대

오늘 특별한 사람으로부터 특별한 점심에 초대받았다. 'Hot하게 뜨고 있는 함께하는 연합회 김 대표', '자동차 부품 업체인 유 대표', '법무법인 배 변호사'로부터의 초대다. 만나자마자 첫 질문이 "박사님 이번 주 금요일 저녁 '뜨거운 감자'란 모임이 있는데 참석해 주실 거죠?", "뜨거운 감자? 핫이슈!…." 아무튼 발상이 기발하다. 점심을 먹고 방문한 '벨라 떼아뜨로'는 둔산동 법조타운 변호사들 사이에 맛있는 로스터리 숍으로 이름 난 곳으로 유명 커피 산지의 원두를 직접 로스팅한 더치커피와 드립커피 및 에스프레소를 맛볼 수 있다. 차를 마시면서 듣고 싶은 질문을 했고 필자는 거기에 답변해야 했다.

배 변호사] 2014년에 처음 뵌 윤치영 박사님은 저의 성장과 변화의 발단이 되시는 분으로 지역의 주요 인물들을 많이 지도하시는 분이기도 하며 저는 2019년 2월 초 입문, YCY

명강사 과정 1기를 수료하였고 지금도 YCY 수요/토요 CEO 과정을 80주 차 수강하고 있습니다. 오늘 윤치영 박사님을 모시고 점심과 함께 귀한 시간 갖게 되어 기쁩니다.

김 대표] 꼭 가지고 가고 싶은 한 단어가 있다면 소개해 주세요.

윤 박사] 음, '행복(Happy)'입니다. 삶의 궁극적 목적은 행복입니다. 무슨 일을 하든 행복하게 해야 하고 행복해야 합니다. 행복하기 위해서는 무슨 일이든 해야 합니다(I do). 그 일을 하다 보면 이해하게 됩니다(I understand). 그리고 이해하는 것만큼 즐길 수 있게 됩니다(I enjoy). 즐기다 보면 응용력이 생기게 마련인 것이죠(I apply). 그렇습니다. Apply_ 나만의 색깔, 나만의 스타일, 나만의 영역을 구축해야 합니다. 그 Apply는 행복(Happy)할 때 가능한 것이죠. 그래서 저는 살아가면서 하나의 단어를 짚으라면 행복(Happy)입니다.

유 대표] 저는 청년회의소 지구회장직을 맡아 오면서 변화와 발전을 주기 위해서 무엇이 필요할까요?

윤 박사] 무한 긍정이라고 생각합니다. 제가 30여 년간 스피치를 강의하지만 스피치의 스킬을 강요하지 않습니다. 스피치는 마인드가 중요합니다. 마인드가 바뀌면 스킬은 저절로 풀리는 것입니다. 마인드를 바꾸기 위해서는 토설(吐說)을 통한 자기 개방이 필요합니다. 토설은 스피치의 5가지 힘, 각인력, 견인력, 성취력, 치유력, 창조력에 의해 어마어마한 변화를 가져옵니다. 그리고 긍정을 넘어 초긍정을 넘어 무한 긍정이 필요합니다. 어떠한 상황이라도 뒤집으면 무한 긍정이 됩니다. 긍정의 에너지가 사람들을, 조직을, 또한 세상을 바꿀 수 있습니다.

배 변호사는 40 초반 나이에 4명의 동료 변호사들과 법무법인을 만들었습니다. 배 변호사는 지속적으로 성장할 수 없습니다. 왜냐하면 배 변호사의 생활방식과 철학 그리고 주변이 이미 성공을 향해 가지런히 정렬되어 있기 때문입니다. 이제 가속만 하면 엄청나게 성공 가도를 달릴 것입니다. 배 변호사에게 저는 세 가지를 주문했습니다. 첫 번째가 조화석습(朝花夕拾)입니다. 저는 좋아하는 꽃이 조화(朝花)입니다. 아침에 떨어진 꽃… 저는 떨어지는 꽃잎, 떨어진 꽃을 좋아합니다. 봄에 만개했다가 비바람에 떨어지는 벚꽃을 보노라면 가슴이 시릴 정도로 아프면서도 진한 감동을 받습니다.

"아, 아름다운 꽃, 아, 아름다운 세상…."이라면서 살아 있음을 실감하며, 바다 위를 걷거나 하늘을 나는 것이 기적이 아니라 이렇게 땅 위를 걸을 수 있다는 것이 기적이란 사실을 실감하게 됩니다. 조화석습(朝花夕拾)은 아침에 떨어진 꽃잎일지라도 그 꽃잎에 아름다움과 향기가 살아있다면 그 아름다움을 그 향기를 음미하다가 저녁이 쓸어버린다는 의미를 담고 있죠. 그런데 현대인들은 조급증에 서두르고 덤빕니다. 서둘러서 안 될 일이 되지 않고, 덤벼서 될 일이 없습니다. 덤비지 말고, 서둘지 말고 때를 기다리고 때를 만들어야 합니다.

스피치도 관계도, 비즈니스도 모두가 그러합니다. 필자는 수많은 사람들을 가르치고 지도했지만, 배철욱 변호사야말로 이 진리를 가장 먼저 받아들이고 실천에 옮겨 체질화시킨 사람으로 그야말로 칭찬하고 싶은 수제자입니다. 두 번째 주문은 3F입니다. 3F는 Fast, Friendly, Frank입니다. Fast는 순발력이며 위트, 재치, 해학 등의 의미로 웃길 수 있어야 한다는 것이며, Friendly는 친밀감이 있어야 한다는 것으로 좀 더 살가운 사람이 되어야 하며 Frank는 솔직함입니다. "배우가 되고 싶은 연기자 조달환입니다."라고 자기를 소개하는 연기자 '조달환' 씨는 아직 배우가 되지 못한 이유는 연기력이 부족해서도 아니고 인맥이 닿지 않아서도 아니며 오로지 인간미가 부족하다고 세바시 동영상을 통해 고백했습니다. 그렇습니다. 인간적인 것이 필요한데 그것이야말로 솔직함에서 출발합니다. 그중에서도 배 변호사께 Friendly를 강조하고 싶습니다. 좀 더 살갑게 좀 더 친근하게 다가서 주시길 바랍니다. 저에 대한 호칭도 박사님, 스승님보다 치영이형~으로 호칭 한번 해 보세요. ㅎㅎㅎ

마지막으로 몰입(immersion)을 얘기했습니다. 성공의 비결도, 행복의 비결도, 사랑의 에너지도 다 몰입(immersion)의 힘에서 나옵니다. 무슨 일이든 자기가 하고 있는 일에 올인(All-In)하십시오. 그럼, 몰입력(immersion force)으로 사랑도 행복도 성공도 다 이룰 수 있는 것입니다. 오늘 음식이 맛있어서가 아니라 의미 있는 자리에 초대해 준 세 분께 감사드립니다. 잊지 않겠습니다. 고맙습니다. 사랑합니다.

사랑과 존경심을 갖는
아름다운 사회

 날이 갈수록 우리 사회는 믿음과 사랑 그리고 존경심이 부족한 사회가 되어가고 있는 것 같습니다. 물질문명의 발달로 인해 사회 전체가 개인주의가 팽배해지고 냉소적이라 할 만큼 믿음과 사랑, 존경심까지 사라져 가는 것 같습니다. 서로 비웃고 원망하는 우리 사회의 한 단면, 같은 사회에 살면서도 큰 장벽이 둘러쳐진 듯 보입니다. 이렇게 된 원인을 생각해 보면 우리 사회에 존경심과 믿음, 사랑이 사라졌기 때문이 아닐까 생각됩니다.

 학교에서는 선생님에 대한 존경심이 없어지고, 사회생활에서도 나이 든 분들에 대한 사랑과 존경심은 더더욱 없어진 것 같습니다. 그런데 존경심이 없이 남을 비웃는 사람은 자기 자신부터 천해진다는 사실을 알아야 합니다.
 "남을 존경한다는 것은, 존경하는 그 대상보다 존경하는 사람이 더 존경스럽다."라는 말처럼 존경하는 마음은 경건한 마음을 가지기 때문에 경건한 마음에는 복이 깃드는 법이요, 비웃는 마음에는 이미 자만심이 가득 찬 마음이기 때문에 하늘이 더 줄 것이 없다고 생각되지 않으신지요~

위대한 사람을 존경하면 점점 그 사람에게 다가갈 수 있습니다. 어른을 존경하면 점점 어른의 인격에 가까워질 수 있듯이 존경심과 사랑이 가득한 아름다운 사회가 되었으면 합니다. 멀리서 보면 모든 사람이 나보다 못난 것처럼 보일지 몰라도 하늘이 볼 때는 나 자신도 마찬가지일 겁니다. 모든 사람에게 사랑과 존경심을 가진다면 나의 못난 점이 사라지고 떳떳한 마음, 아름다운 마음이 싹틀 것입니다.

남을 비웃는 사람은 남을 존경할 자격도 없다고 생각되고 하늘은 그 사람을 비웃을 것입니다. 하늘은 거울과도 같습니다. 내가 착하면 하늘도 나를 착하게 봐주고, 내가 악하면 하늘도 나를 악하게 보고 벌을 주지 않을까요?

공자님께서 말씀하시기를 "선을 행하는(착한) 사람은 하늘이 복으로써 갚고, 악을 행하는 자(악인)는 하늘이 화(천벌)로 갚느니라! 자 왈, 위선자는 천보지 이복하고 위불선자는 천보지 이화니라!(子曰 爲善者는 天報之 以福하고 爲不善者는 天報之 以禍니라!!)"라 했듯이 '사랑과 존경심이 가득 찬 사람은 하늘도 그를 사랑해

주고 존경해 주고 반드시 복을 줄 것'입니다. 사랑하고 존경심을 갖는 아름다운 사회가 되었으면 합니다.

누구나 사랑의 마음이 있기 때문에 감동받을 만한 곳에서 감동하고 눈물을 흘립니다. 감동에서 나오는 눈물은 본인의 마음에 사랑이 있다는 것의 증거입니다. 우리에게 감동이 중요한 것은 감동이 없는 사막같이 메마른 삶만 사는 사람들은 마음속에 있는 사랑의 마음을 발견하지 못했기 때문입니다.

그 때문에 스스로 인간의 거룩한 가치를 모르는 것이다. 인간의 거룩한 가치를 모르기 때문에 인생이라는 것은 생존경쟁이고 생존경쟁에서는 강한 자만이 살아남는다고 오직 생존경쟁에서 살아남기 위해 일등을 향한 행진을 계속하는 것이다. 그러나 일상생활 중에 많은 감동을 체험한 사람들은 스스로가 내면에 불성을 가졌다는 것을 깨닫는 것은 물론 누구나 하늘의 마음을 가졌다는 것을 깨닫기 때문에 이 사회는 생존경쟁 속 우열의 세계가 아닌 모두 평등한 공생의 세계라는 것을 깨닫는다.

하늘의 마음을 깨달은 사람들은 사람들을 볼 때 우열의 관념으로 보지 않는다. 인간은 모두 자기 나름의 개성을 가진 평등한 존재라는 것을 깨닫는다. 인간 모두가 자기 나름의 개성을 가졌다는 것은 그 누구나 자신이 갖지 않는 개성을 가졌기 때문에 누구에게나 배울 점이 있다는 것을 깨닫는다. 그 때문에 모든 사람에게 겸허한 태도를 지닐 수 있고, 존경심을 가질 수가 있는 것이다. 더 나아가 만물에도 하늘의 마음이 있다는 것을 깨닫게 된다. 만물에 하늘의 마음이 있다는 것을 깨달으면 만물도 자신과 평등한 관계이고 만물에서도 배울 점이 있다는 것을 깨닫게 된다. 그러면 만물에 대한 존경심도 저절로 생긴다.

우리가 인간을 사랑한다고 할 때도 존경심을 바탕으로 사랑해야 진짜 사랑이고 만물을 사랑한다고 할 때도 존경심을 바탕으로 사랑해야 진짜 사랑인 것이다. 존경이라는 것은 우러러본다는 의미이기 때문에 만물에 대해 존경심을 갖는다는 것은 만물 위에 군림하는 것이 아니라 만물 아래에 스스로 위치할 때 만물에 대해 존경심이 저절로 생기는 것이다. 진짜 사랑이라는 것이 존경심을 바탕으로 하는 사랑이라고 정의할 때 만물에 대한 진짜 사랑이라는 것은 만물 아래에서 만물을 사랑하는 것이다.

사랑은 모든 것을 가능하게 한다고 믿는 사람들에게는 사랑이 우주에서 가장 귀한 것이겠죠. 사랑은 모든 것을 가능하게 한다고 믿는 사람들은 사랑만 꽉 쥐고 있으면 모든 것이 가능하니 항상 사랑과 함께 가려고 할 것입니다. 인생을 사랑과 함께 갈 때 가장 충실한 인생을 보낼 수가 있습니다. 마음에 충만한 사랑을 주위 사람들에게 나누어주면 주위 사람들에게 사랑을 받게 됩니다. 사랑을 주고받으니까, 삶의 보람도 느낄 것입니다.

정상을 달리는 사람들 간결하게 집중하라

어느 분야든지 정상을 달리는 사람들은 책상이나 스케줄 수첩이 의외로 간결하다. 말할 때도 허튼소리를 하지 않는다. 사족 때문에 수긍이 안 된 적이 없다.

엄청난 일을 하면서도 정신없이 우왕좌왕하지 않는다. 단순한 사람은 가볍고 경쾌하며 민첩하다. 자연스럽고 군더더기가 없다. 눈빛이 흔들리지 않아 맑고 분명하다. 복선을 깔고 말하지 않는다. 그런 사람과 대화하면 속이 시원하고 마음도 편안하다. 해야 할 일이 분명한 사람은 하지 말아야 할 것을 결정하는 데 갈등이 없다. 훌륭한 자기 관리는 명확한 비전 확립에서 시작한다. 사람들이 시간과 힘을 낭비하는 이유는 반드시 이뤄야 할 무엇이 없기 때문이다. 다른 사람이 좌지우지하는 것에 흔들린다면 분명한 목표가 없는 것이다. 크리스챤 보비가 말한 대로 "성공하는 사람은 송곳처럼 어느 한 점을 위해 일한다."라는 사실을 명심하라.

단순함은 집중력이다. 가장 소중한 것을 위해 '괜찮은' 수준의 것들도 과감히 버려야 한다. 먼저 인간관계를 정리하라. 많은 사람을 안다고 자랑하지 말고, 오히려 적은 숫자라도 깊이 교제하는 것에 집중하자. 한 사람을 만나더라도 그 사람에 집중하자. 정성을 다해 집중할 수 없다면 많은 사람을 책임지려 하지 말라.

행복 또한 마찬가지다. 어떤 일에 집중할 때 잡념을 잃어버리고 하는 일을 즐길 수 있다. 독서삼매경처럼 독서에 취하고 한 사람에 취한다면 사랑 삼매경에 빠져 안 먹어도 배부르고 부딪쳐도 아프지 않고 하는 일이 재미있고 하루하루가 축제와 같아질 것이다.

따질 건 따지고
할 얘기는 하고 삽시다

세상의 모든 것은 양면성을 가지고 있습니다. 장점이 있으면 단점이 있고, 단점이 있으면 장점이 있는 법입니다. 따라서 어떤 사람을 볼 때에 관점에 따라 평판이 극과 극일 수 있습니다. 더구나 사람을 평가할 때 절대적인 평가보다는 상대적 평가일 경우가 많습니다. 세상 사람들은 자기한테 잘 해주면 좋은 사람, 자기에게 서운하게 하면 나쁜 사람이라고 몰아붙이기 일쑤입니다.

저는 사람을 볼 때에 과거에 연연하지 않습니다. "과거에 어땠더라?"라는 식으로 사람을 몰아붙이지 않습니다. 과거에 잘못이 있더라도 개과천선했다면 그 사람과 합석하기를 마다하지 않습니다. 저는 사람을 볼 때 과거보다는 현재를 현재보다는 미래의 발전 가능성을 더 중요시합니다.

오늘 저는 ○○한국인 '○○' 챔피언의 장점 세 가지를 말씀

드리고 싶고, 화술 경영 윤치영 박사의 삶의 원칙 세 가지를 말씀드려 보고자 합니다.

○○ 회장은 우선 강한 '보스기질'을 가지고 있습니다. 그는 세 가지 강한 장점을 가지고 있습니다.

첫째, 사람을 볼 줄 알고 사람을 쓸 줄 압니다. 인재라 생각하면 인재를 스카우트하는 데 강합니다. 정글의 사자와 같이 예리하게 잽싸게 포획하듯 사람을 잡아챕니다. 스카우트 기술을 가지고 있습니다.

둘째, 의전 개념을 가지고 있습니다. 사람을 대우하고 대접하는 방식을 압니다. '인의예지' 4가지가 있습니다. 특히 예를 갖출 줄 압니다. 저에게 도전 한국인 중부 지역의 고문을 맡아 달라는 제안이 왔습니다. ○○○께서 자문을 맡고 계시다는 것을 알고 있는데 그 위에 앉으라니 누구를 고문시킬 일이 있느냐며 마구 사양했습니다. 결국 기획홍보교육본부장 자리를 만들어 주어 앉게 되었습니다. 참참참입니다.

셋째, 이거다 싶으면 몰빵할 줄 압니다. 물에 물 탄 듯 술에 술 탄 듯 미적지근하지 않고 확실하게 투자할 줄 압니다. 그는 누구도 못 말리는 추진력을 가지고 있기에 일을 잘 만들어 갑니다.

30여 년간 41권의 책을 쓰고 청와대부터 제주까지 3천여

회 강의하고 있는 화술 경영 윤치영 박사에게는 삶의 원칙이 있습니다.

첫째, 진정성을 무엇보다 우선시합니다. '박남수' 시인의 '새'란 시에서 "새는 울어 뜻을 만들지 않고, 지어서 교태로 사랑을 가식하지 않는다."에서처럼 가식적이거나 억지로 뜻을 만들지 않는다는 것입니다. 손바닥으로 가릴 수 없는 진실은 언젠가는 드러나기 때문입니다.

둘째, '정호승' 시인의 '내가 사랑하는 사람'이란 시에서처럼 다른 사람의 눈물을 닦아줄 줄 아는 인간적인 사람, 다른 사람에게 그늘이 되어 줄 수 있는 진정한 어른이 되고 싶어 합니다. 나이는 숫자에 불과하다고 하는데 이제 나잇값은 해야 할 듯해서입니다.

셋째는 해불양수(海不讓水)입니다. 살아가노라면 많은 사람을 만나기도 하고 떠나기도 하는데 인연이란 억지로 맺어지지 않는다는 것입니다. 따라서 오는 사람 막지 않고, 가는 사람 잡지 않습니다. 인연은 자연스럽게 맺어지는 것이기 때문입니다. 스스로 그러하듯….

가왕 나훈아를
좋아하는 이유

필자는 가왕 나훈아를 좋아한다. 그 첫 번째 이유는 트로트로 농익은 예술적 무대를 만들 줄 알기 때문이다. 트로트는 대중가요다. 그 대중가요를 메들리로 스토리를 만들고 예술적 경지까지 끌어올리다니 어찌 박수를 보내지 않을쏘냐. 그것도 11년 만의 경력 단절(?)을 뛰어넘어….

두 번째 이유는 나라에서 훈장을 주겠다는 것까지 마다했다는 것이다. 쉽지 않은 거절이다. 사실 나훈아는 아무 자리나 나서지 않는다는 것을 이미 많은 사람들이 알고 있다. 일본 공연이나 북한 공연 초청도 마다하지 않았는가. 나라에서 주는 훈장을 마다한 이유 또한 훈장감이다. 그 훈장의 무게감 때문에 가수의 본분, 즉 노래 부르는 데 걸림돌이 될 것 같아서…. 결국 본분에 충실하기 위해서였다니 이 또한 훈장감이다.

세 번째 이유는 뭘까? 소크라테스를 테스 형이라며 자신의 무대에 역사적 성인을 끌어들이는 놀라운 발상에 감복하지 않을 수 없다. 게재에 플라톤의 스승인 소크라테스의 세 가지 명언을 되짚어 보고자 한다.

첫째 "너 자신을 알라."는 말이야말로 쫓기듯 살아가는 이 시대의 사람들에게 강력한 메시지가 될 만하다.

두 번째 "악법도 법이다."라며 죽어간 소크라테스는 진정한 교육자임에 틀림없다. 교육은 '지식을 실천하는 것'이라는 것을 보여준 최고의 모습이며 로마에 가서는 로마법을 따라야 하듯 '다름과 틀림', '유연성과 다양성'을 인정함으로 작금의 '흑백논리'와 '아전인수 격인 고집스런 주장'들에 경고 메시지로 충분하기에 경의를 표하게 된다.

셋째 "결혼은 해도 후회, 안 해도 후회할 것이니 하고 후회하라."는 소크라테스의 메시지는 저출산으로 고심하고 있는 한국 사회에 꼭 필요한 메시지이다.

아무튼 필자는 이번 도전 한국인협회에서 시상하는 스피치 명인 상을 받기로 했다. 41권의 저서와 청와대부터 제주까지 3천여 회의 강연과 대전 둔산에 있는 윤치영 면접 스피치 학원을 운영하면서 많은 이들에게 발표 공포증 극복부터 프레젠테이션 그리고 다양한 면접 등 자신감과 내공을 쌓아 세상 밖으로 나가 활동할 수 있도록 돕는 '출세 코치'로, '동기부여자'로, '퍼실러데이터'로, '강연가'로 '저술가'로 열심히 걸어왔다. 하여 이미 스피치 커뮤니케이션계의 레전드로 평가받

고 있는 화술 경영 윤치영 박사는 30여 년간 해온 일에 경각
심을 갖고 더 충실하기 위해 11월 11일 서울 코엑스에서 상
을 받기로 했다. 스피치계의 챔피언으로 더 많은 이들을 승
리자로 이끌기 위하여….

위기는
위인을 만든다

우한 폐렴으로 모두가 힘들고 어렵다. 이 시국에 직업군이 둘로 나뉜다. 월급을 받는 직업과 자영업자이다. 어제 LK 피부과 이 원장님과 함께 저녁을 했다. 힘들기는 병원도 마찬가지. 의사도 변호사도, 강사도 다 자영업자다. 자영업자는 다 반토막이다. 반토막이면 그나마 다행이다. 완전히 마비되었다고 표현하는 것이 훨씬 정확한 표현이다.

또 한 부류 직업군은 월급을 받는 분들이다. 물론 다 힘들다. 비교는 금물이지만 자영업자들이 힘들다는 얘기다. 힘들다고 손을 놓을 순 없다. 사회적 거리는 두뇌 활동을 중단하지 말아야 그나마 조금 힘을 덜 수 있고 회복탄력성을 유지할 수 있지 않을까 해서 말하는 것이다.

위기가 기회이다. 그리고 위기에 위인 나온다. 힘들지만 새로운 방법을 모색하자. 힘든 상황을 뒤집어 보면 기회가 될 수 있다. 부정도 뒤집으면 긍정이 된다. 윤치영 박사도 강의도 아카데미도 올 스톱이다. 하여 어마어마한 시간이 남았다. 그 시간을 이용하여 평소에 못 하고 쌓아 놓았던 일을 해냈다. 스피치테라피(SpeechTherapy) 시리즈물로 『사람들 앞에서 당당하게 말하기』란 첫 번째 책을 출간한 것이다.

많은 이들이 사람들 앞에서 말하는 것이 부자연스럽거나 심하면 공포증을 가지고 있기에 그 책이란 책이다. 화술 박사로서 이 책을 쓰고 싶었다. 제2탄이 『성공인의 행복한 처세 소통법 - 공감』이란 책이다. 이 원고도 정리하였다. 그리고 3탄, 4탄도 정리를 끝냈다. 움츠리지 말고 움직이면 돌파구가 나온다.

건강하면 어떠한 위기나 시련도 이겨낼 수 있고 뒤집으면 희망과 용기를 갖게 한다. 건강해야 한다. 그래서 건강과 장수를 위한 하단전 호흡과 기(氣) 호흡법을 알려드리겠다. 우선 입은 꼭 다물고 숨은 가늘게 쉬며 항상 코로만 들이쉬고 내쉬어야 한다. 숨을 들이마실 때 배꼽 밑에 단전 부분을 힘껏 내밀고 들이마신 숨을 단전으로 끌어내려서 강하게 밀어 넣어야 한다. 호흡은 일정하게 정하여져 있는 것은 아니지만 5초를 들이마시고 3초를 멈춘다. 그런 다음 4초를 내쉬고 2초를 멈춘다. 호흡은 코 밑에 새의 솜털을 올려놓았을 때 움직이지 않을 정도로 조용하여야 하며 한 번 내쉬고 들이마시는 한 호흡이 길면 길수록 고차원의 수도라고 볼 수 있다.

머리가 쭈뼛해지고 백회로부터 무언가 압력 같은 것이 들어오는 것을 느끼거나 몸이 땡땡해지거나 뭔가 꿈틀거리며 움직이는 것이 느껴진다면 기가 들어오거나 모아지는 것이니 더욱 수련해야 한다. 하루에 6회 정도 매일 할 수 있다면 최고의 운동이며 장수법이라 할만하다. 그리고 최소한 이 호흡법으로 막힌 혈을 뚫고 가장 무서운 병, 치매는 걸리지 말기를 바란다. 미국의 제44대 대통령 오바마는 재능을 키우고 친절해라 했다. 그렇다. 이 시국을 헤쳐 나갈 길은 노력만으로는 부족하다. 실력과 재능을 키워야 하고 무엇보다 친절해야 한다. 친절하다는 것은 무엇일까?

무재칠시(無財七施)를 행하는 것이야말로 친절의 표본이지 않을까 하여 소개한다. 첫째, 화안시(和顔施)다. 얼굴에 화색을 띠고 환한 얼굴로 남을 대하는 것으로 상대를 편안하고 행복하게 만드는 것이요, 둘째는 언시(言施)로 사랑의 말, 칭찬의 말, 위로의 말, 격려의 말, 양보의 말 등 따뜻하고 진심 어린 말로써 상대에게 베푸는 것이요, 셋째 심시(心施)는 마음의 문을 열고 따뜻한 마음을 주는 것으로 다른 사람의 괴로움을 헤아리고 진심으로 대하는 것이요, 넷째 안시(眼施)는 호의를 담은 눈으로 상대를 온화하고 따뜻한 눈길로 바라보는 것이요, 다섯째 신시(身施)로 몸으로 베푸는 것으로 몸이 불편한 사람을 도와주거나 남의 짐을 들어 주는 등 자신의 육체를 이용하여 보람된 일을 하는 것이요, 여섯째 좌시(座施)로 앉은 자리를 내주어 양보하는 것이요. 일곱째는 찰시(察施)로 굳이 묻지 않고 상대의 마음을 헤아려 알아서 도와주는 것이다. 재능과 친절로 회복력을 키우자. 필드에 나가서 스윙하고 나면 "나이스샷"이라고 한다. 또 어떤 이는 "볼~"이라면서 소리 지르곤 하는데, 극과 극이다. "나쁘지 않습니다(Not bad).", "모든 것이 잘될 것입니다(All is well, Not bad).", "우분트(Ubuntu)입니다." '우분트'란 반투족 말로 '네가 있기에 내가 있다(I am because you are).'라는 뜻으로 행복은 나누는 거랍니다.

멘토를
섬겨라

필자는 박사과정에서 지도해 주신 방○○ 교수님을 존경하며 자주는 못 하지만 주기적으로 모시고 식사를 대접하곤 한다. 필자에게는 존경하고 사랑하는 멘토님이시기 때문이다. 경영학 마케팅을 전공하신 석학이시다. 식사를 나누며 나누는 대화가 덕담과 재치 있는 말씀으로 제자들을 유쾌하게 해 주신다.

"윤 박사, 한 번밖에 없는 인생, 어떻게 살아야 하는지 알지요?"

" 네, 교수님 가르침을 주십시오."

"자알 살아야지!" 자알 살아야 한다는 말씀에는 여러 가지가 내포되어 있다는 것을 알기에 "네, 교수님 자알 알겠습니다. 사랑합니다."

필자는 이어령 교수, 박범신 작가, 이외수 소설가, 피터 드러커 교수를 좋아한다. 이어령 교수님은 80대의 나이에도 얼리어댑터 같다. 서재에는 6대의 컴퓨터와 각종 모바일 기기를 갖추고 계시며 아직도 왕성한 집필과 강연하는 모습이 아름다우시다.

소설가 이외수 선생은 노년에 고향 화천군에서 둥지를 마련해 주어 그곳에서 집필활동을 하며 산간벽지의 화천을 '이외수 감성마을'이란 관광코스로 만들었다. 화천의 아이콘이며 감성마을의 아이콘이다. 고향인 논산으로 내려와 창작실을 열고 생활하고 있는 박범신 선생 또한 부러운 분 중의 한 분이다. 박범신 작가의 70세 노인과 17세 소녀의 사랑을 그린 소설 『은교』가 있다. 이 작품을 놓고 "늙는 것이 기형도 범죄도 아닌데 나이에 대한 차별은 옳지 않다."라며 "늙었어도 감정을 공유하고 아름다운 것은 아름답다고 할 수 있다."라고 했다. 그는 또 "청욕(청년의 욕망)이란 말은 없으면서 노욕(노인의 욕망)이란 말이 있는 것부터가 차별하는 것이다."라며 "노인이든 청년이든 욕망은 죄가 아니다."라고 말했다.

경영학의 창시자인 피터 드러커 교수는 95세로 사망할 때까지 평생 현역으로 활동을 했던 인물이다. 그가 93세 때 신문기자로부터 "당신은 평생 7개가 넘는 직업을 가졌고, 교수로만 40년을 일했는데 언제가 인생의 전성기였나?"라는 질문을 받았다. 드러커 교수는 곰곰이 생각하다가 "나의 전성

기는 열심히 저술 활동을 하던 60대 후반이었다."라고 대답
했다 한다. 모두 아름답게 나이 들어가시는 분들이 부럽다.

필자가 모델링 삼는 분들이다. 필자도 외길을 걸어왔다.
그래서 스피치계의 원로가 되었다. 뭐 스피치계의 전설이
라나…. 하, 전설이라니…. 현재까지 30여 년간 36권의 책
을 쓰고 3천여 회의 강의를 하고 최근 3건의 특허를 출원하
였다. 이제 특허 출원한 아이디어를 제조하고 판매할 회사
를 찾아 나의 특허품인 발표불안 우울증 스트레스를 날려버
릴 소리 지르는 헬멧, 키 높이가 자유로운 간편한 발언대를
보급할 계획을 가지고 있다. 그리고 그 수익금으로 연수원을
건립하여 많은 이들에게 자기 계발과 삶에 자신감을 주는 꿈
의 동산을 뜻을 같이하는 지인들과 만들어 갈 것이다.

이어령 교수, 소설가 이외수, 박범신 작가, 경영학의 석학
피터 드러커 교수처럼 죽는 순간까지 일손을 놓지 않을 것이
다. 괴테가『파우스트』란 소설에 마지막 마침표를 찍으며 운명
했던 것처럼 죽는 순간까지 창작 활동을 하고 싶다는 얘기다.
필자도 끊임없이 글을 쓰고 강의하고 그 외 다양한 활동에
쉴 틈이 없다.『어른 수업』이란 책 출간 이후『보이스 테라피』
란 책이 출판사에서 열심히 작업 중이며, 요즈음은『인생 삼
박자』란 원고에 열심이다. 게다가 최근엔 윤보영 커피 시인

을 만나 시 쓰기에 빠져 있다. 보름 동안 25여 편의 시를 썼으니까, 하루도 시를 생각지 않은 날이 없었던 것 같다. 윤보영 시인께서 감성 시집을 내보라는 권유에 필이 꽂혔기 때문이다.

최근 김형석 교수님의 조선일보와의 인터뷰 내용을 보고 감동받았다.

"만약 인생을 되돌릴 수 있다면, 어느 나이로 가고 싶은가요?"

"60세로 돌아가고 싶어요."

"예상 밖입니다. 젊음을 갖고 싶다고 할 줄 알았는데요."

"젊은 날로는 돌아가고 싶지 않아요. 그때는 생각이 얕았고 행복이 뭔지 몰랐어요."

"저도 20대로 돌아가라면 그 무모한 젊음을 다시 감당해낼지 자신이 없습니다."

"선생님이 알게 된 행복은 어떤 것입니까?"

"사랑하는 사람을 위해 고생하는 것, '사랑이 있는 고생'이 행복이지요."

아! 나도 김형석 교수님을 모델 삼아 더 해맑게, 더 건강하게, 더 유익하게….

좀 더 인간적으로
살기로 했다

사람들은 윤치영 필자를 비롯해 인간적이지 못하고 이기적으로 사는 사람들이 많다. 인간적으로 산다는 것은 어떻게 사는 것일까?

우선 인간적이려면 감정을 숨기지 말아야 한다고 생각한다. 화낼 일이 있으면 적당히 화도 낼 줄도 알고, 좋은 일이 있으면 칭찬을 아끼지 않는 사람, 이처럼 리액션이 있는 사람이 인간적이랄 수 있을 것이다. 현대인들은 감정 노동자라하지 않는가? 향상 웃어야 좋은 사람으로 평가받을 수 있다는 압박감 때문에 감정을 묶어 놓고 살고 있는 편이다.

슬플 때 울고, 기쁠 때 웃을 수 있는 인간적인 사람이고 싶다. '나 그대에게 모두 드리리'란 노래를 부른 70년대 풍미를 장식했던 통기타 가수 이장희는 이런 사람을 자연인이라 했다. 더 중요한 것은 잘못이 있으면 즉각적으로 인정하고 사과할 줄 아는 사람, 책임을 질 줄 아는 사람이라고 생각한다.

책임을 질 줄 모르는 사람을 가리켜 짐승만도 못한 사람이라고 하지 않는가?

인간이 인간으로서 인간애(人間愛)가 있어야 한다고 생각한다. 어려운 사람을 만나면 그냥 지나치지 못하고 함께 힘이 되어 줄 수 있는 사람이 인간적이지 않을까?

그리고 너무 의도적이거나 계산적인 사람을 만나면 짜증이 난다. 사람이 좋아 사람과 같이 할 수 있는 사람이야 말고 그냥 좋은 사람 인간적인 냄새가 풀풀 풍기는 사람이라고 생각한다. 사람 관계는 결과도 중요하지만 과정도 중요하다.

결과에만 집착하다 보면 의와 예를 저버릴 수 있으니 앞만 보지 말고 옆도 살필 줄 아는 인간적인 사람이 좋다. 그런 사람이야말로 함께 아파하고 함께 기뻐할 수 있으니 말이다. 하여 인연을 소중히 하고 관계를 위해 노력할 줄 아는 사람이 좋다. 그런 사람이라면 기꺼이 마음을 열어놓고 만날 수 있는 사람이다. 사람을 만나다 보면 가끔은 자기주장이 강하거나 자기 생각을 강요하거나 굽힐 줄 모르는 사람을 만나게 된다. 관계에 있어서 큰 벽에 부딪히는 기분이다. '왜 내가 지금 이렇게 이런 사람을 만나고 있지?'란 생각이 들 때가 있다. 인간적인 사람은 다른 사람의 의견을 존중할 줄 알고 기꺼이 받아줄 수 있는 너그러운 사람일 것이다. 흔히 나이 먹

을수록 고집이 세지는데 그런 사람을 MZ 세대는 꼰대라고
부른다.

　연기자 조달환은 세바시 강의에서 이런 고백을 한 바 있다.
"내가 아직 유명배우가 되지 못한 이유는 덜 인간적이기 때
문이다." 전적으로 공감하는 말이다.
　화술경영 윤치영 박사는 "내가 아직 행복하지 못한 이유는
덜 인간적이기 때문이다."라고 말하고 싶다.

　윤치영 박사가 요즘 열정을 쏟아붓고 있는 강좌 중 하나인
'YCY 소통명사 과정'에서 모토(motto)로 삼고 있는 말이 '박수
받는 스피치, 박수받는 인생'이란 말이다. 박수를 받으려면
마음으로 해야 한다. 가식적이거나, 척하거나, 내숭을 떨거
나, 형식적이거나, 교과적이거나, 의례적인 자세와 스피치와
삶의 방식으로는 사람의 마음을 움직일 수 없다. 좀 더 인간
적인, 있는 그대로의, 자연 친화적인, 순수한 정성과 진정성
이 담겨 있는 자세와 스피치와 삶의 방식이 엿보일 때 사람
에게 공감을 주고 동조를 얻고 감흥과 감동과 감격을 줄 수
있을 것이다. 하여 끝내는 기립박수까지 받는 사람, 박수받
는 스피치, 박수받는 인생이 될 수 있을 것이다.

　인간적인 사람은 눈물과 그늘이 있는 사람이다. 정호승 님

의 시(詩) 중에 '내가 사랑하는 사람'이란 시를 좋아한다.

"나는 그늘이 없는 사람을 사랑하지 않는다… 나는 한 그루 나무의 그늘이 된 사람을 사랑한다… 햇빛도 그늘이 있어야 맑고 눈부시다… 나는 눈물이 없는 사람을 사랑하지 않는다… 기쁨도 눈물이 없으면 기쁨이 아니다. 사랑도 눈물 없는 사랑이 어디 있는가… 나무 그늘에 앉아 다른 사람의 눈물을 닦아주는 사람의 모습은 그 얼마나 고요한 아름다움인가."

이 시대의 핸섬 보이,
젠틀 보이, 착한 보이

　김○○ 마케팅학 박사, 대전대에서 학사, 석사, 박사를 했음에도 한남대, 목원대에서 겸임교수로 20년, 지금까지 석박사 논문 지도를 하고 있는 현역 교수다. 마케팅학 관련 전문 서적 출간도 10여 권, 기분이 좋지는 않지만, 윤치영 박사보다 강의발이 좋은 교수다. 윤박이 '꽃돼지'라면 김박은 '나르는 햄버거'다. 별명 그만큼 운동신경이 남다르다. 그 큰 체구에 한바탕 스테이지를 비비면 다 뒤로 자빠진다.

　친화력이 좋아 잘 들이댄다. '귀요미'다.

　화를 낼 줄 모른다. 간 쓸개가 없어서가 아니라 풍채를 보나 마음을 보나 이미 그 선은 넘어섰다. 해불양수다.

　안 되는 일이 없다. 손댔다 하면 다 해결된다. 종결자다. 그만큼 재주와 융통성을 겸비했다. 거래란 차변(좌변)과 대변(우변)의 변화가 이루어진 상태다.

　우리 사이엔 거래가 일어난 적이 없다. 금전이든 사람이든 서로 빚이 없다. 그래서 둘은 거리낌이 없다. 누가 뭐래도 우린 박사를 함께한 최고의 동반자다. 한 스승을 모시고 의(義)와 예(禮)와 지(知)를 지향하고 있다. 미워하려야 미워할 수 없는 사이다. 그런 그를 YCY 교육그룹에 뒤늦게 영입하려 한다. 대어를 낚는 격이라 조심스럽다. 김 박사는 조직의 천재다. 그런 그가 넘어오면 YCY 교육그룹의 시스템과 문화에 변화가 예고된다. 온고이지신, 일신우일신이다.

오랫동안 KBS 대전총국 아나운서로 활동했던 박○○와 돌돌 말아 친구로 지냈지만 서로 언성을 높이거나 예와 의를 벗어난 적이 없다. 모처럼 오늘 회동하기로 했다. 역시 유유상종이라고 우린 무언가 공통점이 많다. 이 시대의 핸섬 보이, 젠틀 보이, 착한 보이들이다. 으하하~ 우리는 하늘 아래 하나다.

백인백색百人百色
백인일색百人一色

하늘에서 내리는 수많은 눈송이가 모두 다르듯 세상에 사람들은 모두 다르다. 타고난 환경과 성격과 상황이 모두 다르기 때문이다. 백인백색, 모두 다름을 인정하면 다름을 틀렸다고 몰아붙이는 우(愚)를 면할 수 있다. 반면 백인일색이다. 인간적 본능을 숨길 수도 없고 다를 수도 없다. 안전에 대한 욕구부터 사회적 욕구, 자아실현의 욕구 등 근본은 모두 같다. 같음을 이해하면 인간애(人間愛)가 생기고 측은지심(惻隱之心)이 생겨 다 이해하고 포용할 수 있다.

필자는 대전 YCY 면접 스피치 교육원을 운영하면서 부설로 YCY 교육포럼이라는 교육 중심 사교 친목 동호회를 끌어가고 있다. 작지만 참 다양한 인재들이 함께하고 있기에 서로에게 힘이 되고 위로가 된다. 그중에 5번씩이나 칼퇴 내지는 자퇴되었던 동료가 있다. 그쯤 되면 자존심 때문이라도 안 볼 수도 있는데 자존심을 굽히고 지금껏 함께하고 있다.

기자의 기질인 파고드는 집요함과 물고 늘어지는 끈기까지 겸비하고 있다. 정확한 팩트(Fact)가 뭔지 알고자 하는 기자의 습성과 본질과 현상을 구분할 줄 아는 당신이 진짜 기자다. 방송 멘트보다 인간적인 진담을 좋아하는 남자, 습관적(?)으로 디스(dis) 치는 경향이 있지만 방송 멘트보다 인간적인 진담을 좋아하는 당신, 언뜻 진상 같지만, 당신이 진국이다. 그런 따뜻하고 인간적인 소통으로 기자의 정도를 걷는 정은모 기자를 지지하고 응원한다.

트로트 전성시대에 여성 3인조 그룹 비비추를 후원하고 있는 비비추 소속사 하승욱 대표 또한 그렇다. 비비추를 무대에 초대도 해 보았고 식사도 함께해 보았다. 그 정도면 가창력이나 무대 매너, 겸손까지 갖춘 엘리트 트롯 그룹이다. 전국 방송의 라디오에 출연해 생방송을 진행하는 것을 보면 말빨이나 애드리브(ad-lib)도 좋다. 모든 걸 갖췄음에도 불구하고 요즘 트로트 열풍으로 수많은 인재들이 몰려들다 보니 아직 두각을 나타내지 못하고 있을 뿐이다. 머지않아 반드시 진가를 발휘할 날이 오리라고 기대한다. 비비추 소속사 하승욱 대표야말로 진상 중 진상이다. 그 똥고집과 원칙을 따질 때면 때론 불편하지만 그래서 꼼꼼하게 일을 풀어간다. 필자가 운영하는 YCY 소통명사 과정에도 입문해 입담과 에드리브(ad-lib)를 배웠다. 어찌 보면 사제간이다. 그런데 제자가 스승한테 어떤 때는 '치영이 형'이라고 막무가내처럼 뭉기고 들어온다. 그런 살가운 친화력과 사교성이 좋아 인맥으로 이벤트 업을 꾸려 나가고 있는데 코로나 때문에 수입이 제로라며 술 한번 살 줄 모르지만 밉지 않은 사람이다. 그 이유는 의리와 정리 때문이다. 한국의 유일한 여성 3인조 트로트 그룹 비비추가 뜨는 날을 기대해 본다.

신○○ 글로벌 대표는 일찍이 대림산업에 입사해 해외 근무도 해 보았고 산전수전 공중전까지 치른 인생 고수다. 무슨 일이든 예리한 촉으로 수를 읽고 정확히 맥을 잡을 줄 안다. 지금은 감리 시공 시행사를 경영하는 토목 건설 분야에서 일을 하고 있지만 그 분야에서는 알아주는 베테랑이다. 그는 맛집의 대가다. 아니 맛을 안다. 어쩌면 시내 구석구석 맛집은 그리 아는지 혀를 내두를 정도다. 그런 그가 비 오는 날은 비가 온다고 날씨가 좋은 날은 날씨가 너무 좋다고 불러 댄다. 때론 피곤할 때도 있고 선 약속이 있기도 하지만 불러줄 때 나가야지 배짱 튕기면 아쉬울 때 만나주지 않을 것 같아 가급적 합석하려고 노력한다. 그의 아내가 약사인지라 건강에 관해서도 약사 못지않다. 그런 그가 옆에 있어서 든든하다. 신 대표가 준 '동의환'을 저녁 식사 하면서 먹었더니 새벽이 새롭다. 텐트를 치다니 놀랍다. 신 대표는 아는 게 많아 먹고 싶은 맛집도 많다. 따라다니기 바쁘다. ㅎㅎㅎ

세계적으로 1,000만 부 이상이 팔린 베스트셀러인 게리 채프먼 박사의 『5가지 사랑의 언어』에 따르면 인정하는 말, 함께하는 시간, 봉사, 선물, 스킨십 등 5가지 언어가 있지만 그중에 끝까지 함께해 주는 이가 제일일 것이다.

이 세상에서 가장 착한 여자는 죽어서 천당 가지만 나쁜 여자는 살아서 어디든 간다. 여성을 볼 때 외모를 보지 않는다면서 "그 여성, 예쁘냐?"고 묻는 당신은 취중 농담인지 진담인지 묻고만 싶다. 이처럼 우리들 주변에는 같지만 다르고 다르지만 같은 다양한 이들이 함께해 주고 있으니 천만다행한 일이고 감사할 일이지 않겠는가?

정직正直이란~

어느 날 아주 성공한 회사 사주이자 대표가 관리직 직원을 모두 불러 모았다.

그는 은퇴를 앞두고 회사를 자식들에게 물려줄 생각이 없었기에 관리직 직원 중 한 명에게 대표 자리를 물려줄 예정이라는 말에 직원 모두는 대표로 발탁되기를 꿈꿔왔다.

그는 모인 직원들에게 씨앗을 하나씩 나눠 주며, "지금 드린 씨앗은 아주 특별한 것으로 모두 다 다른 품종입니다. 1년 후 얼마나 잘 길렀는지 볼 것입니다."라며 내년 오늘 날짜에 회사로 가져오라고 하면서 "그날 새로운 회사 대표를 발표하겠다."라는 약속을 했다.

빌(Bill)을 포함해 모두들 대단한 흥분을 감추지 못했다. 그런데 빌은 처와 함께 화분에 물을 주며 열심히 길렀는데도 전혀 싹이 나오지 않았기에 빌은 실망한 나머지 화분을 회사에 가져가려고 하지 않았지만, 빌 처는 양심적으로 행동하기를 추구했기에 빌은 할 수 없이 빈 화분을 들고 회사에 갔다.

관리 직원 모두 화려하고 멋있게 잘 기른 화분의 나무를 자랑하고 있었고, 빌이 들고 온 빈 화분을 보고는 서로들 낄낄거리며 비아냥거렸기에 빌은 풀이 죽어 조용히 있었다.

드디어 회사 대표가 나타나서는 모든 화분을 조사한 후 그는 빌을 앞으로 불러내어, "왜 식물이 자라지 않았습니까?" 하고 물었고 빌이 자초지종을 애기하자 모든 직원은 웃었습니다.

"관리 직원 여러분! 오늘 제가 약속한 대로 새로운 회사 대표를 뽑겠는데 바로 빌이 새로운 회사 대표입니다." 그러자 모든 직원이 비웃으며 "그는 아무것도 키우지 못했는데요." 라고 했고, 혹시 해고나 당하지 않을까를 걱정하던 빌은 더욱 큰 충격을 받았습니다.

대표가 말을 이어가기를, "제가 작년 오늘 날짜에 여러분께 드린 씨앗은 제가 삶아놨던 것이기에 절대로 싹이 날 수가 없었습니다. 여러분들은 씨앗을 바꿔 키운 것입니다. 나는 정직한 사람에게 대표 자리를 물려주어 바른 경영을 해나가도록 할 것입니다."

우리 인간이 가져야 하고 지켜야 할 덕목 중에서 가장 기본이 되는 덕목이 정직(正直)입니다. 사람이 정직하지 않고 거짓말을 함부로 하여 믿음을 잃게 된다면 어느 누구로부터도 신뢰받지 못하게 되고, 결국 사회생활에 적응하지 못하게 될 것입니다.

영국 속담에 "정직이 최상의 방책이다(Honesty is the best policy)."라는 속담이 있습니다. 한국에서 교사로 있던 분이 지상낙원이라고 불리는 미국으로 이민을 갔더랍니다.

한국 사람이 미국에 가면 언어가 통하지 않기에 한국에서 선생님을 했다고 할지라도 미국에 가서는 선생님을 할 수가 없어 하는 수 없이 세탁소를 차렸습니다.

새벽부터 저녁 늦은 시간까지 힘든 세탁소 일을 그는 꿋꿋이 참고 일을 하였습니다. 그러던 어느 날 손님이 맡긴 양복바지를 다림질하다가 우연히 왼쪽 주머니 속을 뒤져보니 주머니 안에 1,000달러나 되는 거금이 들어있는 것을 발견했더랍니다.

깜짝 놀라 잠시 마음이 흔들렸지만, "이것은 내 돈이 아니지."라고 이내 마음을 고쳐먹고, 옷 주인이 옷을 찾으러 오던 날 그 돈을 돌려주었더랍니다.

그 주인은 이에 너무 감동한 나머지 "그 돈은 이미 제 것이 아닙니다." 하면서 세탁소 주인에게 다시 돌려주었지만 극구 받지 않았다고 합니다.

주는 사람이나 받는 사람이나 너무나 훈훈한 미담이었기에 그 이야기가 뉴욕 타임스에 기사로 쓰이게 되어 정직한 세탁소라고 주위에 널리 알려지자 일거리가 늘어나면서 무려 종업원을 20명이나 거느리는 세탁소 사장이 되었습니다.

이 뉴스를 접한 뉴욕에 본사를 둔 항공사 부사장이 이 세탁소를 직접 방문해서 세탁소 주인에게 "우리 비행기에서 나오는 모든 세탁물을 맡길 테니 정직하게만 일해주세요."라며 그 항공사 세탁 일까지 맡게 되어 지금은 700명이 넘는 직원을 보유한 거대한 세탁소 기업이 되었다고 합니다.

이러한 사례를 보면서 정직이야말로 최고의 인생 스승이라고 생각하며, 정직하게만 산다면 언젠가는 반드시 성공하게 될 것이고 항상 두 발 뻗고 자는 편안한 인생이 될 것이라고 자부합니다.

세상의
낙원

미국의 애리조나주에 억만장자들이 은퇴 후에 모여서 사는 '선 밸리'(Sun Valley)라는 곳이 있습니다. 그곳은 모든 것이 현대화된 시설로 호화로운 곳일 뿐만 아니라 55세 이하는 입주 금지랍니다.

평범한 동네에서 흔히 들리는 아이들의 시끄럽게 떠드는 소리도 없고, 아무 데서나 볼썽사납게 애정 표현을 하는 젊은 커플도 없는 청정지역이지요. 갖가지 음식 냄새를 풍기는 노점상도 없고, 길거리 벤치에 누워서 자는 노숙자도 물론 없는 곳이지요. 그곳에서는 자동차도 노인들을 놀라게 하지 않기 위해 시속 25킬로미터 이하의 속도로 달려야만 한답니다. 하지만 그곳에 사는 사람들은 보통 사람들보다 치매 발병률이 훨씬 더 높다는 연구 결과가 나왔다니 놀랍지요? 이러한 충격적인 사실에 우리나라 이시형 박사가 그 이유를 조사하고자 그곳을 가 보니 정말 지상낙원이 따로 없었답니다.

모든 편의시설이 완벽하게 갖춰져 있고, 최신 의료시설에 최고의 실력을 지닌 의사들이 배치되어 있는 곳이었습니다. 연구 결과, 그곳에 있던 사람들이 치매에 걸린 이유는 아이러니하게도 첫째로 일상적으로 겪는 '스트레스'가 없고, 둘째로 생활고에 대한 '걱정'이 없으며, 셋째로 생활에 '변화'가 없기 때문에 오히려 병을 유발하는 것이었습니다.

그래서 이곳에 있던 많은 사람들은 다시 자신이 원래 살던 시끄러운 마을로 돌아간다고 합니다.

행복한 삶은 걱정 없이 편안하게 사는 것보다 오히려 여러 가지 어려움들을 겪으면서 그것을 해결해 가는 과정에 있다는 것이지요.

'인생 낙원'은 다름 아닌 바로 내가 가장 고민하고 걱정하며 아웅다웅 다투고 화내며 어울려 사는 가정 또는 지금 살고 있는 바로 이곳입니다.

있으나 마나
한 사람

한 교장 선생님이 저에게 "저는 있으나 마나 한 교장이 되려고 힘씁니다."라는 말씀을 해 주셨습니다. 그것은 충격이었습니다. 왜냐하면 우리는 세 종류의 사람이 있다는 이야기를 어려서부터 들어왔습니다. 있어서는 안 되는 사람, 있으나 마나 한 사람, 없어서는 안 되는 사람이라는 것인데, 우리는 당연히 없어서는 안 되는 사람이 되어야 한다는 것이었지요. 그런데 그 교장 선생님은 있으나 마나 한 사람이 되기 위하여 힘쓰신다는 것이었습니다. 그것은 없어서는 안 되는 사람 밑의 이야기가 아니었습니다. 그것은 없어서는 안 되는 사람 다음 차원의 이야기라는 것을 듣는 순간 알 수 있었습니다. 이것이야말로 최고의 리더십이 아닐까요?

없어서는 안 되는 리더십은 초기에 필요한 리더십입니다. 그러나 그와 같은 리더십이 끝까지 가게 되면 문제가 생깁니다. 그와 같은 리더십이 끝까지 작용하게 되면 그 한 사람이 없으면 안 되는 아주 나약한 조직이 되기 때문입니다. 말 그대로 그 리더십이 없어지게 되면 안 되는 조직이 되고 말기 때문입니다. 고양이를 여러 번 키워 보았습니다. 제 경험에 의하면 고양이가 정말 새끼를 잘 키웁니다. 고양이가 자기 새끼를 키우는 것을 보면 정말 감동적입니다. 밥을 주어도 새끼가 다 먹고 물러서기 전까지 먹지도 않습니다.

그런데 신기한 것은 그렇게 자기 새끼를 끼고돌던 어미가 어느 날이 되면 갑자기 새끼를 버립니다. 근처도 못 오게 합니다. 새끼가 자기 가까이 오면 공격합니다. 고양이를 여러 번 길러 보았지만 매번 똑같았습니다. 고양이 몸 안에 어떤 시계가 있는 것 같았습니다. 그 시간이 되면 어미는 새끼를 버립니다. 그것은 모든 야생 동물들의 공통점입니다. 고양이에게는 아직도 야성이 많이 남아 있어서 그런 행동을 하는 것이었습니다. 저는 나중에야 그것이 새끼를 위한 일이었다는 것을 알게 되었습니다. 새끼가 예쁘다고 평생 어미가 품고 있을 수는 없는 것입니다. 그렇게 되면 나약한 존재가 되어 야생의 세계에서 독립하여 살아갈 수가 없게 되기 때문입니다. 어미를 잃게 되면 혼자의 힘으로 살아갈 수 없는 존재가 되기 때문이었습니다. 저는 야생 동물에게는 마마보이가 없다는 것을 알게 되었습니다. 사람에게만 마마보이가 있습니다.

무주유인 수류화개
無酒有人 水流花開

　수필 중 『공산무인 수류화개(空山無人 水流花開)』란 법정 스님의 글을 좋아한다. "사람이 없는 텅 빈 산에도 꽃은 피고 물은 흐르더라."라는 내용으로 애지중지하던 난초를 친구에게 줘 버렸더니 집착이 없어서 마음이 편해졌다는 내용이다. 읽고 또 읽어도 감회가 새롭다. 필자는 무주(無酒) 상태가 5일 차다. 그래도 옆에는 사람이 있고 물은 흐르고 꽃은 피어 있다. 내가 변했다고 세상이 정지돼서 있는 것이 아니라 세상은 변함 없이 스스로 그러한 자연(自然)처럼 도도히 흐르고 있다는 말이다.

　그동안 알코올을 끊지 못하는 이유가 무엇이었을까? 늘 같이하던 사람을 잃을까 염려함이며 저녁이 주는 낙(樂)이 없어질까 염려함이었을 것이다. 그런데 그 반대를 경험한다. 알주(알콜주) 대신 무색무취무알 위로주(Water酒)로 대신해도 옆에 함께해 주는 님도 그대로고, 저녁 문화도 그대로며, 락(樂)도 그대로다. 거기에 덤이 주어졌다. 5일밖에 안 됐는데 다이어트 효과가 만점이다. 체중이 쑥 내려갔다. 속이 편하다. 주치의께서 염려하던 고혈압, 당뇨, 고지혈 등의 수치도 좋아졌을 것이다. 이렇게 좋은 것을 그동안 못 하다니 참 아쉬운 감마저 든다.

　혜민 스님이 『멈추면 비로소 보이는 것들』이란 책에서 말한 "번지점프를 하는 방법은 오직 한 가지입니다. 그냥 뛰는 것입니다. 생각이 많을수록 뛰기 어렵습니다. 생각이 많으면 많을수록, 하고 싶은 것을 못 하고 힘들고 어렵다는 말만 하게 됩니다. 그냥 뛰십시오."란 글이 생각이 난다. 그냥 좋은 사람이 좋은 사람이다. 사랑도 대가 없는 사랑이 아름답다. 가끔은 계산하지 말고 마음먹은 대로 그냥 해 보자. 그것이 순수지향적 삶의 방식이다. 불필요한 것은 그냥 끊자. 무주유인 수류화개(無酒有人 水流花開)다.

팔자를
바꾸기로 했다

"아이고, 내 팔자야!" 하고 한탄만 해서는 팔자가 바뀌는 것은 아니다.

팔자를 바꾸려면 나를 바꾸면 되지 않을까?

우선 아침에 일어나 습관적으로 하고 있는 일(miracle morning)들을 바꾸자.

내가 하고 있는 생각, 말, 행동을 바꿔보자. 사람들에게 다가가 웃으며 인사(화안시)하고, 내 말의 온도를 점검한 후에야 입을 열어야 한다(언시). 가끔은 함께 울어주는 것(심시)만으로도 팔자를 바꾸는 데 시발점이 된다.

울고 싶은 사람과 함께 울어주고, 죽고 싶은 사람의 손을 잡아당겨 주어야 한다. 그 덕이 모여 새로운 팔자가 된다. 팔자는 바로 내가 만드는 것이었다.

둘째, 내가 만나는 사람들을 바꿔야 한다. 그렇다고 그간 만나던 사람들과 단절한다는 뜻은 결코 아니다. 환경을 바꾸면 만나는 사람이 바뀐다는 뜻이다. 이를테면 맹모삼천지교

(孟母三遷之敎)와 같은 방식을 말한다.

셋째, 팔자를 가장 확실하게 바꾸는 방법은 내가 하고 있는 일을 바꾸는 것이다.

입맛이 없으면 늘 먹던 메뉴를 바꾸듯이 하는 일을, 하는 방식을 바꿔 보자.

무슨 일을 하기에 결코 늦은 시간은 없다. 안 되면 되게 하면 된다. 지금 이곳에서⋯ Now and here⋯.

거침없이
살아라

　새해마다 각자의 삶의 목표를 갖고 열심히 살고자 한다. 공통점은 다 행복한 삶을 꿈꾼다. 그러나 현실은 그렇지 못하다. 근심, 걱정, 스트레스 등으로 행복을 누리지 못하는 경우가 많다. 다가오는 새해를 아낌없이 멋지게 살자. 그러기 위해서 독자들을 위해 몇 가지 제안을 드리고자 한다.

　두려워하는 부분을 인정하자_ 사람들은 두려움이 많다. 죽음, 어둠에서부터 건강을 잃으면 어쩌나, 재산을 잃으면 어쩌나, 사람을 잃으면 어쩌나 등 상실에 대한 두려움에 시달리고 있다. 그러나 사람이 두려움을 느끼는 것은 극히 정상이다. 맹점은 두려움이 나를 지배하지 않게 하는 것이다. 두려워하는 부분을 인정하고 그 해법을 고민하는 것이 훨씬 생산적이다.

　완벽함이란 없다_ 필자가 며칠 전 변화를 주기 위해 미용

실에서 머리를 만지다가 약간의 변화를 주려다가 염색하게 되었고 파마까지 해 버리고 말았다. 결과는 본인 생각과는 거리가 멀게 나왔다. 화를 낼 수도 없고, 다시 원상복구를 할 수도 없고 그냥 그 머리로 당당하게 다니고 있다. 변화에 만족하면서…. 완벽을 추구하다가는 오히려 자신에 대한 불신이 더 생길 수 있다. 따라서 자신의 실수에 대해 관대해야 한다. 실수를 용납하지 못하면 성장도 불가능하다. 있는 그대로를 인정하는 것이다.

자기 자신과 자신의 행동을 분리하라_ 사람의 행동이 가치와 곧바로 연결되는 것은 아니다. 어쩌다 다른 사람의 차를 들이받고, 술에 취해 횡설수설했다고 해서 그것 때문에 나쁜 사람이 되는 것은 아니다. 그저 실수했을 뿐이다. 한번 실수는 병가지상사라 했는데 한 번의 실수를 가지고 고민하고 스트레스받지 말자는 얘기다. 지난 과거사의 나쁜 기억들은 빨리 잊는 것이 정신 건강에도 좋다.

언제 어디서나 자신을 좋게 말하라_ 어떤 이는 무조건 자기를 낮춘다. 낮추는 선을 넘어 아예 자신을 비하시켜 버린다. "제 주제에…", "가방끈도 짧고 경험도 일천해…"라고 말이다. 겸손도 겸손 나름이다. 이 정도 되면 사람들이 모일 리만무하다. 자신을 스스로 높여 대접하라. 자신을 좋게 말하는 것도 훈련이 필요한 것 같다. "전 이 분야에선 자신 있습니다!", "전 행복한 사람입니다!" 좋게 말할 것이 아무것도 없으면 차라리 입을 다물어라.

칭찬을 받아들여라_ 오랜만에 만난 한 여성에게 "여사님, 오늘 입으신 옷이 정말 잘 어울리십니다. 색상도 그렇고 디자인도 대단히 우아하군요." 했더니, "교수님도 참, 이거 시장 좌판에 내놓고 파는 거 만 원 주고 산 거예요. 이걸 좋다고 하니 이상하시네요. 호호호…."라고 응수하는데, 그다음 할 말을 잃었다. 설령 시장에서 사 입었다 하더라도 다른 사람이 높여줄 때는 "예쁘게 봐주셔서 감사합니다."라고 하면 어디 덧나나…. 지나친 겸손은 다른 사람들을 불쾌하게 만들수 있다. 정말로 성공한 사람들은 다른 사람들의 칭찬을 우아하게 받아들인다.

남을 칭찬하라_ 자기 자신이 얼마나 가치 있고 귀한 존재인지 깨달으려면 다른 사람이 정말 아름답다는 것부터 깨달아야 한다. 단점을 얘기하는데 사귈 사람이 어디 있을까? 과연 단점 없는 사람이 있을까? 인간관계에서 상대방의 장점을 보아야 한다. 그러면 칭찬은 절로 나오게 되어 있다.

자신의 주장을 표현하는 것을 연습하자_ 의외로 많은 사람들이 서툰 것 중의 하나가 자신의 감정이나 의사를 잘 표현하는 것이다. 자신이 필요한 것을 표현한다면 기적이 생길 것이다. 그러니 당당히 자신의 원하는 것을 요구해 보라. 음흉하다는 느낌보다 호쾌하다는 느낌을 사람들은 좋아한다. 숨기지 말고 솔직히 털어 놓아라. 꼬인 문제도 풀리고 얽힌 관계도 회복이 된다.

어떤 대접을 받고 싶은지 사람들에게 알려라_ 생일날 입 다물고 있으면 누가 알아주랴! 자신의 생일날 이렇게 해주면 좋겠다는 생각을 말하라. 그래야 주변에서 챙겨줄 것 아닌가. 가만히 입 다물고 해주기만 바라면서 기대치에 못 미친다고 투덜대봐야 저만 손해다. 자신이 대접받고 싶은 기대치를 알리는 것이 오히려 현명한 처세법이다. 물론 그러려면 대접받고자 하는 말을 알릴 수 있는 평소의 관계가 중요할 것이다. 특히 자신을 어떻게 대접하는지 보여줌으로써 당신들도 이렇게 해달라는 신호를 보내야 한다.

전명자 대전시서구의회 의장님, 대한민국 의정대상 수상을 축하드리며

오랫동안 같이해 온 인연이다.

15년 전 한 단체의 부녀회장으로 스피치를 배우시겠다고 윤치영 스피치 아카데미에 입문, 열심히 다니셨다. 놀랍도록 화력(話力)이 좋아지셨고 해야 할 말과 삼가야 할 말을 분별할 줄 아는 지혜를 얻으셨다.

그 이후 대전시서구의회 의원에 당선, 지금은 3선 의원이자 의장으로 의연하게 활동하고 계시다. 지금도 옛 인연을 잊지 않고 챙기는 모습이 인간적이다. 어떤 이들은 자신에게 불리한 전적을 지워버리는데 의리를 저버리지 않으시니 고맙고 감사할 뿐이다.

지금도 대전시 서구의원 3선 의원으로서 지역 주민의 민원을 챙기고 봉사하고 섬기는 일을 마다하지 않으신다. 여성으로서 단아한 모습으로 애쓰는 모습이 존경스럽다. 필자는 교육사업자로서 정치색을 드러내지 않으려 노력하고 있지만 개인적 친분이 있는 전명자 의원님은 끝까지 미력하나마 지지하고 응원하고 한다.

최근 한국건강관리협회에서 종합건강검진을 받으셨다고 하는데 필자도 이번에는 그곳에서 종합건강검진을 받으려고 한다. 건강은 건강할 때 지켜야 한다.

"넘어진 김에 쉬었다 가라."는 말이 있다. 돼지는 넘어져야 하늘을 볼 수 있다고 하니 돼지에게 넘어진다는 것은 천운이지 않을까 한다. 필자도 시간에 넉넉해졌다. 하여 평소에 하고 싶었던 일들을 해내고 있으니 얼마나 다행스런 일인가?

30여 년간 스피치와 화법에 관한 책을 쓰고 강의하면서 꼭 내놓고 싶은 책들을 모아 '스피치 테라피(Speech Therapy)'란 시리즈물로 내놓고 싶었다. 그 첫 번째가 『세상을 다 끌어안는 긍정화법』이란 책이다. 이 책은 아무리 부정적인 상황이라도 긍정적으로 바꿀 수 있는 힘이 긍정의 힘이고 화법이기에 내놓고 싶었던 책이다. 모두가 힘든 시기다. 힘든 상황을 뒤집어 보면 기회가 될 수 있다. 부정도 뒤집으면 긍정이 된다. 다음으로 『사람들 앞에서 당당하게 말하기』란 첫 번째 책을 출간한 것이다.

많은 이들이 사람들 앞에서 말하는 것이 부자연스럽거나 심하면 공포증을 가지고 있기에 『화법이 바뀌면 인생이 바뀐다 – 공감시대』란 책도 내놓았다.

그런데 공석에서 공식적인 말은 그럭저럭 하겠는데 사적에서는 어떻게 말을 섞어야 하는지 모르겠다고 하는 사람들이 많아 '거침없이 말하려면 잡담력을 키워라'는 원고도 탈고하여 올 3월경 출간 예정이다.

다음은 출산율은 낮고 이혼율도 높아져 가고 있고 현시점에서 필요할 것 같아 쓴 원고가 있다. '사랑의 기술–뜨겁게 표현하라'는 원고다. 이 원고는 사랑에는 책임감과 열정과 친밀감이 있어야 하는데 그 친밀감이 정서적, 육체적, 오락적으로 필요하다는 것을 정리한 내용이다.

어려울 때일수록 움츠리지 말고 움직여야 한다. 새로운 일이 아니라 그동안 해 왔던 일들을 꼼꼼히 살펴보면 새로운 돌파구를 찾을 수 있다. 한동안 바쁘다는 이유로 저술 활동이 소홀했었는데 사회적 거리 두기로 활동들이 주춤하는 상태이기에 필자가 할 수 있는 최선이 바로 세상에 필요한 책을 내놓는 일이기에 쓰는 일에 집중했던 것이니 이것이 바로 위기를 뒤집으면 기회가 될 수 있다는 증거가 아닌가 싶다.

자랑스런
YCY교육포럼(단장 윤치영) 3인

　(주)미성우드와 카시모 가구제조업을 운영하고 있는 김인곤 대표는 YCY 전신 Youngs club의 초대 회장을 3년간 맡아 준 충직한 YCY인물이다. 변함없이 항상 YCY를 일순위에 두고 있음이 두툼한 신뢰를 갖게 한다. 최근에는 벌곡리에 400여 평의 주말농장을 마련, YCY교육포럼(단장 윤치영) 회원들에게 개방해 주었다. 이 또한 감사할 일이지 않겠는가? 기 천여만을 들여 농막을 지었다고 하는데 호텔식 농막인가 의심스럽다. ㅎㅎㅎ

　그런 김인곤 대표의 마인드는 엔조이(Enjoy)정신이다. "억지로 몸을 움직여야 한다면 그 무슨 일이건 그건 노동이며, 억지로 몸을 움직일 필요가 없다면 무슨 일이건 놀이다." 마크 트웨인의 얘기이다. '엔조이정신'이란 '아이들처럼 목적을 묻지 않고 재미있고 신나게 노는 것이다. 건강을 위해 뛰는 것보다는 그저 재미있게 뛰고 산책하고 등산을 하는 것이다. 그러다 보면 부산물로 건강해진다.'

(주)BS산업 이선희 대표께서는 1등급 병원으로 평가받고 있는 브레인재활병원 이사장직을 겸임하고 있는 기업인이며 경영인으로 주목받고 있다. 소속된 의료진 가족들이 150명이나 되고 있으며 지역사회에도 보이지 않게 섬기고 봉사하는 일에도 게을리하지 않고 있기에 존경스럽다. 특히 YCY골프 초대 회장을 맡아주어 YCY교육그룹의 주춧돌이 되어주셨기 때문에 듬직하고 두툼한 신뢰를 갖게 한다. 그의 생활신조는 진인사대천명(盡人事待天命)이다. 경향신문사 출신으로 일찍이 돈버는 일을 찾아 집을 짓고 파는 일을 했다. 그의 성공비결은 돈버는 일에 집중한 결과물이다.

'원가드'로 유명한 '성광유니텍' 윤준호 대표는 최연소(46) 라이온스 총재로 활약했던 바 있다. 세종에 회사 사옥도 지었다. 학사 3개, 석사 3개, 박사 2개다. 왜 그렇게 공부했느냐 물으니 '우습게 보이고 싶지 않아서'라고 한다. 그런 오기가 오늘날 윤준호를 만들지 않았나 싶다. 대학에서도 20여 년차 겸임교수로 강의 중이다. 청출어람이다. 그런 윤준호 대표가 존경하는 사람 중 하나가 '윤치영'이다. 28세 결혼식에 주례를 섰고 '윤치영YCY스피치'에서 5년간 수학해 준 제자이기도 하다. 그런 그가 자랑스럽다.

윤준호 대표는 창조경영으로 성장하는 향토기업으로 인정받고 있는 청년실업가이다. 특히 YCY아카데미 교육프로그램에 5년간 수학해 준 의리파이다. 윤준호 대표인들 왜 바쁘지 않았겠는가? 그러나 의리와 충성된 마음으로 수년간 같이 해 준 것은 부동의 義와 禮와 信이 있었기 때문이다. 우선순위가 무엇인지를 알기 때문이다. 최근에는 한국자유총연맹 대전지부장을 맡아 봉사하고 있는데 대전에서 부지런하고 일 잘하는 사람들은 그곳에 다 모여 있는 듯하다. 그가 회장을 맡으면 불같이 일어나는 이유는 윤활유를 잘 뿌려서다. 조직도 돈을 써야 잘 돌아가는 것 같다.

'내가 먼저 손해보면 관계가 열린다'
황금유통 이형훈 대표

'내가 먼저 손해보면 관계가 열린다'는 신념으로 사업을 하고 있는 황금유통 이형훈 대표, 황금유통을 법인으로 바꾸고 새롭게 뛰고 있다. YCY를 만나 만사형통, 운수대통 한다며 즐거워하고 있다. 하하… 물론 그렇기도 하겠지만 본인이 세상을 살아가는 생각과 Attitude 때문이지 않을까?

인연을
소중히 하라

인연은 우연히 오는 것이지만, 그 우연을 기회로 삼고 유지하는 노력은 우리의 몫입니다. 인연을 잡고 지속적으로 가꾸기 위해 아래의 방법을 참고할 수 있습니다.

1. 마음의 여유를 가지기_ 인연은 강요로 만들어지는 것이 아닙니다. 열린 마음으로 사람들과 자연스럽게 소통하다 보면 좋은 인연이 스스로 찾아옵니다.

2. 진정성을 갖기_ 상대방에게 진심 어린 관심과 배려를 보이는 것이 중요합니다. 상대의 이야기를 경청하고 공감하는 자세가 인연을 더 깊게 만듭니다.

3. 자신을 성장시키기_ 자신의 가치를 높이고 성장하는 사람에게 자연스럽게 좋은 인연이 모입니다. 독서, 여행, 새로운 경험을 통해 자신을 계발해 보세요.

4. 주변 환경을 바꾸기_ 새로운 인연을 만나고 싶다면 기존의 틀을 벗어나 새로운 장소나 모임에 참여해 보세요. YCY교육포럼처럼 공통 관심사를 공유하는 모임은 좋은 기회가 될 수 있습니다.

5. 적극적으로 기회를 살리기_ 우연히 온 인연은 놓치지 않는 것이 중요합니다. 상대방과 더 깊은 대화를 시도하고, 연락을 지속하며 관계를 발전시킬 방법을 찾아보세요.

6. 감사와 존중을 표현하기_ 인연은 시간이 지날수록 감사와 존중으로 유지됩니다. 작은 도움이나 배려에 감사의 마음을 전하면 관계가 더욱 단단해집니다.

결국 인연은 우연과 노력이 결합된 결과입니다. 우연히 온 인연을 소중히 여기고, 성실하게 다가가며 서로에게 긍정적인 영향을 주는 것이 가장 큰 열쇠입니다.

알바트로스Albatross, 아이누리공인중개사 김효은 대표

　유성 아이누리공인중개사 김효은 님의 별명은 '콩콩팥팥'이다. 콩 심은 데 콩 나고 팥 심은 데 팥 난다고 하여 윤치영 박사가 붙여준 별명이다. 그만큼 틀림없는 분이다. 그런 그녀의 인생의 터닝포인트는 무엇일까? 첫째, 새장 밖으로 날다. 둘째, 공인중개사가 되다. 셋째, 인젝타를 만나다.

　"참꽃, 철쭉, 영산홍 구분법을 아시는가? 참꽃, 진달래, 두견화는 같은 말이다. 잎보다 꽃이 먼저 나며 꽃에 반점이 없으나 먹을 수 있다. 개꽃, 연달래, 철쭉은 같은 말이다. 꽃보다 잎이 먼저 나거나 동시에 난다. 반점이 있으며 수술이 10개쯤 있다. 독성이 있어 먹을 수 없고 꽃 부분이 끈적끈적하다. 영산홍은 꽃과 잎이 동시에 나며 수술이 5개 정도며 반점도 있다. 철쭉보다 색이 진하다. 셋 다 향기가 없다는 특징이 있다."라며 꽃 해설가처럼 풀어 놓는다. 꽃 박사다. 어디 꽃뿐이랴. 스크린골프도 언더파 치는 티칭 프로 수준이다.

그뿐 아니라 부동산, 재테크, 여행 등 만능 엔터테인먼트다. 특히 하고 있는 부동산은 물건이 확실하지 않으면 소개하지 않는다. 의뢰인에게 피해를 줄 만한 일은 아무리 돈이 된다고 해도 손대지 않는다. 그래서 믿음이 간다. 한마디로 실력가다. 그리고 믿을 만하다. 강한 듯 보이지만 한없이 부드러운 여자다. 세상의 이치를 다 꿰뚫고 있는 듯하다. 그리고 원칙에 벗어나면 거침이 없다. 그래서 살짝 경계가 되기도 하지만 자리를 만들고 자리를 채워줄 줄 아는 의리적인 면도 강하다. 대전 주변의 CEO 과정은 두루두루 섭렵했다. 혼자 다니지 않고 뭉쳐서 다닌다. 똘똘 뭉친 친구들이 있는데 부러울 정도다. 그 친구들 모임의 중심에 서 있다. 어딜 가나 동행한다. 그리고 즐긴다. 그래서 행복해 보인다.

그녀는 하늘 아래 새처럼 자유를 누리고 있다. 무늬만 부부로 사는 사람들이 태반인데 일찍이 청산했다. 처음엔 색안경을 끼고 보았지만 요즘은 존경스럽다. 아니다 싶으면 과감히 정리할 줄 아는 결단력이 부럽기도 하다. 필자도 좀 더 일찍 결단했어야 했다는 생각이 살짝 들기도 한다. 항상 왕언니다. 원리와 원칙과 근거를 들이대니 거부할 수 없다. 그리고 강한 듯 부드러운 인간미까지 있어 나중에는 두말없이 추종하게 된다. 엄니 닭을 졸졸 쫓아다니는 병아리들처럼 따르는 사람들이 많다. 필자도 그중 한 명이다. 졸졸 쫓아다니다 보면 놀랄 일들이 많다.

성경 마태복음 6:25-26에 "하늘을 나는 새를 보라(Look at the bird which is flying high in the sky)."했다. 새장 속의 새와 새장 밖의 새 누가 더 행복할까?

새장 안의 새는 새장 밖의 새가 부러울 수도 있고, 새장 밖의 새는 새장 안의 새가 부러울 때도 있겠다.

"자유가 없으면 죽음을 달라." 거창한 구호 같지만 자유는 그만큼 중요한 것 같다. 자신의 의지로 하고 싶은 걸 할 수 있는 게 자유이기에 신체의 자유, 정신의 자유가 없다면 인간은 결코 행복해질 수 없을 것이다. 인간은 하늘을 나는 새처럼 자유롭게 날고 싶어 한다.

하늘을 나는 새는 결코 소유하지 않는다. 저장하지 않는다. 걱정하지 않는다. 단, 한 벌 옷에, 작은 집에, 소식하기에… 하늘을 날 수 있는 것이다. 자유롭게 하늘을 나는 새처럼 사는 김효은 님께 존경과 찬사의 박수를 보낸다.

김효은 님은 YCY 여행단장으로 일본 후지산 둘레길과 베트남 다낭과 여수 밤바다, 제주 한라산 백록담, 그리고 고성에 있는 김일성 별장까지 기획해 함께 다녀왔다. 천만다행이다. 함께할 수 있다는 사실이.

품질(Quality) 높은 여행을 위해 힘쓸 뿐만 아니라 YCY 골프회에서도 총무를 맡아 골프장 섭외와 예약부터 팀을 구성하고, 이동하고, 진행하는 일들을 도맡아 일사불란하게 집행한다. YCY의 보배다.

YCY 소통명사 과정에서도 기꺼이 2기로 입문해 총무를 맡아 강좌의 맥(脈)과 격(格)을 높여주고 있음과 SNS(밴드, 톡방)에서도 한결같음으로 YCY 교육포럼의 활성화에 기여하고 있다. 지금도 좋은 분들을 추천하고 홍보에 열심히 도와주고 계시니 그녀는 진정 하늘을 나는 YCY의 알바트로스(Albatross)다.

제2장

박수 받는 스피치

누구나 말을 잘하고 싶어 한다. 그러나 쉽지 않다는 것을 누구나 경험해 보았을 것이다. 그래도 그럭저럭 누구나 다 한다. 그것도 쉽지 않은 사람들이 많지만 노력하면 그 정도는 할 수 있다. 형식적인 말, 의례적인 말로는 사람에게 좋은 호응을 얻을 수 없다. 심금을 울리고 가슴 와닿는 말은 결코 쉽지 않다. 이 책에서 말하고 싶은 것은 마음속에 있는 말을 자연스럽게 하고 박수받는 스피치다. 그렇게 말할 수 있다면 진정 자유인이다. 박수를 받으려면 듣는 이들이 듣고 싶은 말을 담아야 한다. 재미있어야 한다. 감동을 줘야 한다. 그래야 본인도 모르게 박수를 친다. 뇌리에 꽂히거나 마음먹은 대로 말하고 말하는 대로 이뤄질 수 있다면 얼마나 멋진 인생일까? 압축된 키워드로 말하고, 염력(念力)을 불어 넣으면 말하는 대로 이뤄진다. 그런 먹히는 스피치 거침없는 인생이라면 언제 어디서나 박수를 받을 수 있을 것이다. "박수받을 때 떠나라."라는 말도 있지만 진정 행복한 사람은 박수받으며 사는 사람이 아닐까? 신통방통하게 만사형통, 운수대통하는 기적을 경험해 보시길 바란다.

최고 리더의
스피치

    맘먹은 대로 말이 되고 말하는 대로 이뤄지는 스피치, 박수 받는 스피치, 박수받는 인생으로 가는 길이기도 하다. 재미있고 건강하고 축복하는 스피치이어야 한다. 윤치영 화술 박사는 스피치나 비즈니스나 인생이나 연애하듯 하라고 한다.

    연애 기술에는 세 가지가 있다. 그것은 상대 중심, 자기 개방, 밀당이다. 접근방식과 말하는 중심이 상대 중심적이라면 이미 성공적이다. 이것을 관점 전환 능력이라 말한다. 고객 중심, 상대 중심, 세상 중심으로 바꿔야 한다. 상대가 필요한 것을 채워줄 수 있다면 상대 만족과 감동을 넘어 감탄과 감격을 줄 수 있다. 하여 스피치의 하이라이트 박수를 받게 된다.
    다음은 자기 개방이다. Self application(자기적용)이다. 자기가 보고 싶고 느낀 경험을 말하라. 이를 인아웃(InOut) 스피치라 말한다.
    마지막으로 밀당을 잘해야 한다. 처음부터 다 주지 말라.

고마워하지 않는다. 밀고 당기는 완급조절이 최고의 연애 테크닉이다. 『소녀경』에서는 이를 구천일심(九淺一深), 좌삼우삼(左三右三), 접이불루(接而不漏: 사랑은 하되 사정하지 않을 수 있는 단계)란 테크닉으로 소개하고 있다. 접이불사(接而不射), 좌삼우삼(左三右三)은 사랑의 기본 테크닉이다. 모든 상황에 이 기술을 적용할 필요가 있다. 사용해 봐야 그 기술이 는다. 용불용설(用不用說)이다. 용불용설은 진화론의 바탕이 되기도 한다.

그리고 조직에서 필요 이상으로 많이 하는 것이 토의, 토론, 회의이다. 그런데 말이 토의, 토론, 회의이지 실제로는 지시 전달 강요된 토의, 토론뿐이다. 시간만 축내는 토의와 토론과 회의는 이제 그만 걷어치워라.

기업과 조직이 살려면 보다 생산적이고 자유분방한 토의와 토론 그리고 회의가 되어야 한다. 브레인스토밍 기법과 마인드맵으로 아이디어에 아이디어를 던져야 한다. 그래야 새로운 방법이 새로운 길이 새로운 비즈니스 모델이 나온다. 그래야 조직이 살고 기업이 살고 나라가 살고 국민이 산다. 토의하고 토론을 거친 후 회의하라. 가급적 계급장은 떼고 어떤 제안에도 평가하지 말고 그 제안에 다른 제안을 결부시켜 나가라.

스피치로 발표를 잘하고, 소통의 도구인 말 잘하는 법

윤치영 화술 박사는 충남 아산시 신창면 읍내리에서 겁 많고 부끄럼 많은 촌뜨기로 태어났다.

온달이 평강공주를 만나 온달장군이 되었던 것처럼 지금은 마이크 잡고 강의하는 강연가로 활동하고 있다.

어떻게 그렇게 되었을까?

"이제, 살 만해졌는데 스피치가 안 되어서 미치겠어요."

열심히 일해서 기업을 일으키고 부와 명예를 얻고 사회적 신분을 얻었는데 말이 안 되어서 그 성공과 행복을 누리지 못한다는 CEO들이 의외로 많다.

"이곳저곳에서 회장을 맡아 달라고 해서 회장은 되었는데 말이 안 떨어져요. 아는 것도 없고, 어떻게 말해야 할지도 모르겠고, 사람 앞에 서면 눈앞이 깜깜해지기만 하니 답답합니다."

입심(화력_話力)
= 관심(지적 호기심) + 뱃심(무대뽀 정신)
입심을 키우려면
관심과 뱃심이 필요하다

잘 말하려면 입심을 키워야 한다. 입심을 키우려면 평소의 관심이 필요하고 뱃심이 필요하다.

"관심을 가지면 사랑하면 알게 되고, 알면 보이나니 그때 보이는 것은 전과 같지 않으리라." 이 글은 조선 정조 때 유한준 (俞漢雋)이라는 사람이 남긴 글을 유홍준 교수가 『나의 문화유산 답사기(1)』에서 인용하여 모든 이의 가슴에 새겨 놓은 명언이다. 관심을 가져야 보인다. 그리고 남달리 보인다는 말은 통찰력과 깨달음을 얻는다는 말이다. 관심을 가지고 지적 창고에 지식과 정보와 통찰력과 깨달음을 가득 채워라. 그래야 배고픈 이들에게 나눠줄 수 있게 된다. 배워서 남 준다는 말을 바로 실행할 수 있게 된다. 이렇게 말할 거리가 준비되어 있는데 내놓지 못하고 나누지 못하는 또 다른 이유는 무엇일까?

그 성격은 이것저것 계산하거나 눈치만을 보다가 말할 기회를 놓치거나 말할 용기를 내지 않는 것이다. 도그마(다른 사람들의 생각이나 평가 또는 시선)로부터 탈출하는 방법은 무대뽀 정신을 발휘하는 것이다. 막무가내로 내지르면 다 감당할 수 있게 된다. 실수하면 어쩌나? 내놓았다가 감당하지 못하면 어쩌나 망설이지 말고 내질러라. 내지르려면 두둑한 뱃심이 필요하다.

말은 일상적 대화라면, 스피치는 공식 석상이나 대중 앞에서의 발표나 연설을 뜻한다

'말을 잘하는 것'과 '잘 말하는 것'은 전혀 다르다. 말을 잘하는 것은 말솜씨가 좋은 것이고 잘 말하는 것은 상대방에게 솔직하게 내 마음을 전하는 것이다. 말솜씨에만 매달리면 오래가지 못한다. 감정과 생각 살아온 그대로 솔직하게 잘 말하는 솜씨여야 한다. 그러려면 내가 먼저 내 마음의 문을 열어야 한다. 그다음에 입을 열어야 한다.

스피치는 스토리의 힘이다. 지루한 스피치는 이론이나 정책을 나열하지만 스토리(정담)가 있는 스피치는 인간적 공감대로 사람들을 한곳으로 결집시킨다. 스토리는 한자로 담(談)이다. 담(談)은 말씀 언(言)과 불꽃 염(炎) 자가 합쳐진 글자다. 모닥불, 난로 앞에서 나누는 이야기처럼 정담이 담겨 있다. 이야기는 너와 나를 우리로 묶고, 온기와 끈기, 열기가 교류된다.

좋은 스피치는 연사를 돋보이게 하지만, 위대한 스피치는 청중의 자부심을 돋운다. 매력적 스피치는 내용, 전달력, 변화력 모두 좋은 것이다. 즉 분명한 메시지, 생생한 이미지, 그리고 부드러운 공감의 마사지가 그것이다. 이들 중 하나만 없어도 뭔가 2% 부족해 지루하거나, 따로 놀거나 하기 쉽다. 예컨대 마사지만 있고 메시지가 없으면 '그래서 어쩌라고'의 단팥 없는 찐빵이 된다. 반면에 메시지만 있고 마사지가 없으면 그 빡빡함에 피로가 몰려온다. 메시지와 마사지가 있어도 연사의 진정성이 없으면 단지 '좋은 말'의 향연 같을 뿐이다.

당신은 말을 잘하는 사람입니까, 말만 많은 사람입니까?

참으로 말 많은 세상입니다. 목소리의 크기가 옳고 그름을 우선하는 듯한 사회 풍조 탓인지 말을 많이 하는 사람을 말 잘하는 사람으로 착각하기 쉽습니다. 하지만 말을 많이 하는 사람은 다변가이지 말 잘하는 달변가는 아닙니다. 말을 많이 하는 사람일수록 많은 실수를 하기 쉬운 법입니다.

너무 자기 말만 하는 사람은 예나 지금이나 꺼리게 됩니다. 자기 말만 앞세우기보다는 많이 들어주는 것만큼 좋은 대화법은 없습니다. 하지만 들어주는 것만이 능사는 아닙니다. 들어주면서 충분히 공감을 표현해야 합니다.

직장이나 공식적인 석상에서 회의도 마찬가지입니다. 상대방의 이야기를 경청하고 내가 하고 싶은 이야기를 조리 있게 발표하면서 상대방의 의견을 존중하는 태도는 인간관계를 아주 긍정적으로 끌고 갈 수 있는 중요한 요소입니다. 대화 시다음 7가지 사항을 지킬 수 있다면 당신은 관계를 잘 유지할 수 있는 사람입니다.

1. 상대보다 적게 말하라
2. 공통적 화제로 대화를 이어가라
3. 눈과 표정 등 온몸으로 들어라
4. 질문(개방형)하라
5. 긍정적으로 공감하라
6. 가르치려 하지 말라
7. 진정성이 최고의 무기이다. 진실하라.

자기 생각과 감정에 북받쳐서 마구 쏟아내는 말은 듣는 사람으로 하여금 감동을 주기보단 마음을 닫게 만들기 십상이지요. 정제되지 않은 말을 토해내기보다는 차라리 말하고 싶은 유혹을 떨쳐내고, 입을 다물어 침묵할 줄 아는 사람이 훨씬 매력적인 사람입니다. "말 많은 집은 장맛도 쓰다."라는 우리 속담이 있는 것처럼 말 많은 사람치고 실속 있는 사람 없더이다….

당신은 매력적인 사람이시죠?

누구나
잘 말하고 싶다?

　현대인은 다수의 사람 앞에서 스피치 해야 하는 상황이 매우 많다. 조리 있게 말을 못 한다고 피해 갈 수는 없다. 여러 사람 앞에 서 말을 잘 못한다고 면접을 안 볼 것인가. 경쟁자들은 자신 있게 당당하게 열변을 토하는데 한구석에서 말없이 기죽어 앉아 있는 자신의 모습을 그려보라. 남에게 인정받는 것은 사회에서 성공하는 데 발판이 된다. 지금 사회는 아무리 배운 것과 기술이 많아도, 제대로 자신의 생각을 체계화하여 효과적으로 남에게 표현할 수 없다면, 결국에 가서는 남에게 인정을 받지 못한다. 아니 인정을 받으려고 맘먹는 것이 오히려 잘못이다.

　평소 학점도 좋고 책임감 있게 생활했다 하더라도 발표 불안증 때문에 각종 회의나 프레젠테이션에서 발표와 같은 스피치를 효과적으로 하지 못하면, 면접관이나 동료들은 그의 능력을 인정해 주지 않는다. 그들은 당신이 발표 불안증을 겪고 있는지조차 잘 모른다. 특히 면접관에게 그런 인상을 주면 능력 없다는 것으로 인식되어 결국에는 경쟁 대열에서 밀려나게 된다. 더구나 회사에 입사할 때는 면접을 거쳐야 하고, 승진을 하기 위해서는 업무보고를 잘해야 한다. 심지어 맞선 볼 때도 자기표현을 잘해야 하고 자기표현을 잘하는 사람이 성공하는 시대이다. 그런데 의외로 많은 이들이 많은 사람들 앞에서 말하는 것을 어려워한다. 심지어는 공포증까지 느끼고 있다는 사실이다.

외부 강의를 하는 필자의 주된 강의 주제는 '행복한 소통 공감'이다. 강의를 할 때 가장 많이 듣는 말이 "앉아서는 말을 잘하는데 사람들 앞에만 서면 말을 잘 못해서 고민입니다."이다. 그렇다면 공식 석상에서 말을 제대로 못 하는 사람들의 문제는 어디에 있을까?

첫째, 공식적인 자리에서는 체면이 깎이지 않도록 말해야 한다는 강박관념이다. 말 한마디를 하기 위해 너무나 많은 것을 걱정하고 고려해야 하기 때문에 말하는 데 자신이 없어지는 것이다.

두 번째, 담력이 부족한 사람들이다. 우리나라 사람들은 유사 이래 중국이나 일본 등 주변국의 침략에 시달리며 살아왔다. 그러다 보니 능동적으로 일하기보다 수동적으로 방어하는 데 익숙한 편이다. 때문에 공식적인 자리에서 자신 있게 자신의 의견을 피력할 수 있는 담력이 부족한 사람들이 많다.

세 번째, 매사에 완벽을 기하는 사람들이다. 이런 유형은 다른 사람들과 일을 나누지 않고 독점하려는 의식이 강해 혼자서 하는 일은 완벽하게 잘한다. 하지만 막상 멍석을 깔아주면 지나치게 완벽을 추구하다가 낭패를 보는 경우가 허다하다.

네 번째, 자신의 실력을 실제보다 부풀려 말하려는 사람들이 있다.

필자가 대전 면접 스피치 학원에서 진행하는 강좌에서도 주제를 주고 스피치를 준비해 오게 되며 다양한 방법으로 트레이닝을 하게 되는데 수강생들 대다수는 실수하면 어쩌나 하는 염려와 말을 잘해야 된다는 강박관념, 그리고 완벽하게 표현하겠다는 과욕으로 자신의 소신과 주장을 잘 드러내지 못하는 경우가 많다.

말을 잘하기 위해서는 자신의 생각과 소신을 있는 그대로 자연스럽게 표현해야 하는 것이다. 너무 포장하려 한다거나 잘해야 된다는 강박관념이 오히려 말을 망치고 만다.

말을 잘하고 싶은 분들에게 알려드리고 싶은 공식이 있다. 그것은 바로 '입심=관심+뱃심'이다. 관심을 가지면 사랑하게 되고 사랑하면 알게 되고 알면 보이나니 그때 보이는 것은 전과 같지 않으리라는 유홍준 님의 책 속에 조선시대 한

문인의 글이 인용되어 있는데 세상의 모든 것은 다 사랑인 것이다. 사랑은 관심에서부터 출발한다. 관심은 관찰력이다. 관찰력을 갖게 되면 남다른 식견을 가질 수 있게 된다. 그리고 뱃심이다. 실수하면 어쩌나, 경험이 부족해서, 나는 말을 못하는데…라며 기회를 미루지 말고 용기를 내어서 뱃심으로 밀어붙이라는 말이다.

말을 잘하는 사람들에겐
특별한 게 있다

사람들은 묻는다. 도대체 화술이라는 게 뭐냐고. 또 말을 잘하는 사람들은 어떤 비결이라도 가지고 있느냐고. 나는 화술이 무엇이냐고 묻는 사람들의 그 심정을 안다. 아마도 답답한 경우를 여러 차례 겪었을 것이다. 그리고 두 번째 질문에 대해서라면 단적으로 "그렇다"라고 대답할 수 있다. 그 대답을 몇 가지로 항목으로 나눈다면 다음과 같다.

첫째, 언변이 좋은 사람은 그렇지 못한 사람에 비해 이론적으로 무장되어 있다. 전달할 메시지에 대하여 상대보다 더 많은 정보를 가지고서 이론적 우위를 점하였을 때 신뢰와 공감을 얻을 수 있기 때문이다.

둘째, 다양한 표현을 자유롭게 구사한다. 비유하자면 작은 흔들림도 허락하지 않는 KTX가 아니라 정신없이 움직이는 청룡 열차와 같다. 듣는 사람을 잠들게 만드는 말이 아니라 긴장과 재미를 선사하는 표현력을 지녔다는 말이다. 실제로 요즘 각광받고 있는 명강사들의 면면을 살펴보면 청룡 열차라도 태운 듯, 지적 호기심을 유발할 수 있는 내용, 신선한 정보자료와 소재, 그리고 다채로운 어조를 발휘한다.

셋째, 자기의 이야기에 몰입한다. 말을 잘하는 사람들은 스스로 자기의 이야기에 심취하여 듣는 사람들을 빨려들게 만든다. 스스로 도취되지 않으면 말도 자연스럽게 이어지지 않으며, 그에 따라 상대방도 건성으로 듣게 된다.

넷째, 연출력이 강하다. 다시 말해 말뿐만 아니라 동작이나 감성에서도 배우와 같은 능력을 발휘한다. 대체로 사람들은 점잖고 세련된 자세가 더욱 어필할 것이라고 믿지만, 이것은 선입견이다. 진짜로 말을 잘하는 사람들은 반대의 견해를 가지고 있으며, 자기만의 개성적인 쇼맨십으로 '재미'라는 요소를 부각시킨다.

다섯째, 시(詩)의 언어를 사용한다. 흔히 막힘없이 말하거나 강한 어조로 말하는 사람을 가리켜 '말 펀치가 세다.'라고 하는데, 엄밀히 그것은 잘못된 판단이다. 말을 잘한다는 것은 전달하고자 하는 의미를 짧은 문장 안에 얼마나 함축적으로 표현할 수 있는가의 문제다. 예를 들어 상대의 말을 적극적인 자세로 경청한 후 그 사람의 의도와 생각을 정확히 파악한 다음 핵심을 은유적으로 표현하는 능력이다.

여섯째, 흐름을 놓치지 않는다. 대개 이야기를 하다 보면 주제를 잃고 횡설수설하거나 무슨 말을 하려고 했는지조차 잊어버릴 때가 있다. 이런 경우는 누구에게나 흔한 일이다. 그러나 개인적인 만남을 제외한 자리에서 이런 실수는 치명적이다. 한편 말을 잘하는 사람들은 자신이 하고자 하는 말의 밑그림을 그린다. 그리고 한 편의 드라마처럼 짜임새 있게 구성하여 이야기의 시작부터 끝맺음까지 매끄럽게 전개한다. 따라서 결론은 본인의 생각이나 주장에 대해 이의를 제기할 수 없을 만큼 감동적으로 끝맺는다.

일곱째, 시작과 끝을 중시한다. 말을 잘하는 사람들은 자신감을 가지고 당당하게 시작하고 감동적으로 마무리한다. 특히 마무리에 중점을 둠으로써 상대방으로 하여금 마음의 변화를 이끌어낸다.

여덟째, '재즈의 방식'을 활용한다. 여기에서의 재즈란 이성보다 감성에 호소한다는 뜻이다. 말을 듣는 사람은 이성과 감성 두 가지 방식으로 메시지를 받아들이지만, 대개 이성적으로 판단하기보다는 감성적으로 동화되는 편이다. 말을 잘하는 사람들이 공통적으로 열정적인 방식을 취하는 것도 이러한 사실 때문이다.

멋진 사람은
화법이 다르다

이 시대는 인간공학이 기술적 지식보다 더 중요한 시대다. 세상사 모든 일은 사람에서부터 출발하기 때문이다. 우리 모두에게 있어 성공과 행복에 이르는 공통분모는 '사람'인 것이다.

현대에서는 다른 사람을 고려하지 않고서는 어떠한 성공이나 행복도 보장받을 수 없다. 경쟁력의 원천도 따지고 보면 사람과의 관계 속에서 만들어진다.

사람과 사람과의 관계, 대인관계를 목적 달성을 위한 수단으로 처리하는 것은 무리다. 대인관계는 기술로만 처리될 수 있는 문제가 아니기 때문이다. 간교한 화술이나 얄팍한 권모술수로는 그 속이 바로 드러나고 말기 때문이다.

화술에 앞서 진실된 사람, 재미있는 사람, 정곡을 찌를 수 있는 화법을 지닌 사람, 실력과 매력을 겸비한 사람, 항상 미소를 지으며 칭찬을 아끼지 않는 사람, 극단적이거나 이기적인 욕심에서 벗어나 상대방을 배려할 줄 아는 센스를 지닌 사람, 사람의 능력을 인정할 줄 아는 센스와 지혜가 필요하다.

이때 사람은 인품과 교양에서 흘러나오는 진솔된 매너와 마음이 감동을 불러일으킨다. 따라서 올바른 사회생활과 성공적 삶을 추구하는 사람은 자신의 잠재 능력을 끊임없이 개발하고, 시대의 변화에 적응할 수 있는 노력도 중요하지만 사람을 움직이고 다스릴 줄 아는 화법을 갖는 것 또한 중요하다. 당신의 평소의 말하는 방식이 '긍정적인가, 부정적인가?', 또, '적극적인가 소극적인가?', '고지식한가, 창의적인가?'에 따라 당신의 성향과 인품이 결정된다. 평소 너무 말이 많다거나, 항상 논쟁을 하려 한다거나, 늘 부정적이거나 남의 단점이나 험담을 즐긴다거나, 남의 의사를 무시하거나 상대를 배려할 줄 모르는 사람이라면 자신이 다른 사람들에게 어떤 인상을 주고 있는지 상대의 반응에 귀를 기울여야 한다.

대학 면접 합격을 바라고 오는 취업생을 비롯해서 기업체 CEO, 자영업 사장님, 정치 지망생 등 대전 YCY 면접 스피치 교육원에는 다양한 사람들이 온다. 화법은 마음가짐부터 시작된다. 긴장하지 않고 차분한 마음으로 긍정적인 관점으로 세상을 바라보는 Attitude(태도)부터 시작된다. 화법은 마음 다스리기이며 살아가는 방식이며 그 사람의 습관이며 처세방법이며 미래를 열어가는 마술과 같은 것이다. 화법이 바뀌면 인생이 바뀐다. 멋진 인생으로 바뀌려면 화법부터 바꿔라. 아주 거슬리는 습관을 지닌 사람들이 대개는 그 사실을 제일 나중에야 알아차린다. 상대의 마음을 바꾸어 보려고 논쟁을 벌이면 그가 마음을 바꿀까? 절대 그럴 리가 없다. 하지만 상대를 다그치지 않고 그의 의사를 존중하면서 상대를 배려해 준다면 그는 나의 사고방식에 접근해 오게 되어 있다. 이야기를 잘하는 사람은 공감력이 뛰어나고 그것을 잘 활용할 줄 아는 사람이다.

공감 능력은 상대방이 느끼는 감정을 그대로 느낄 수 있는 능력을 말한다. 다른 사람이 즐거워하면 자신도 즐거워하고, 다른 사람이 아파하면 자신도 아파할 수 있는 능력이다. 심리학자들에 의하면 성폭행, 어린이 유괴, 살인 등의 잔인한 범죄를 저지르는 사람들의 공통점은 공감 능력이 부족하기 때문이라고 한다. 피해자들이 느끼는 고통을 스스로 느끼지 못하기 때문에 연쇄적으로 범죄를 저지르게 된다는 것이다.

공감 능력을 키우는 방법으로는 상대방의 입장에서 그의 관점과 동기 혹은 욕구를 이해해 보는 훈련을 하는 것이다. 혼자서 역할놀이를 해보는 것도 좋은 방법 중의 하나이다. 상대방의 역할을 직접 해봄으로써 상대방이 느끼는 감정을 조금씩 느낄 수 있게 되어 공감 능력이 점차 회복되는 것이다. 또한 TV에서나 실생활에서 기쁨과 슬픔 등의 장면을 대할 때 그냥 지나치지 않고 그 감정에 오래 머무르며 그 감정을 느끼는 연습을 하다 보면 감정이 조금씩 살아나게 된다.

상대방이 말할 때 "예, 그렇군요.", "그러시겠어요.", "그런 어려움이 있었군요." 등의 공감적 의사소통을 하는 것도 공감 능력을 키우는데 큰 도움이 된다. 마음이 변화될 때 행동이 바뀌기도 하지만 말 등의 행동이 변할 때 마음이 바뀌기도 하기 때문이다.

말(스피치)을
잘할 수 있는 Tip

　말 한마디로 천 냥 빚을 갚는다. '말'의 중요성은 여러 번 강조해도 지나치지 않다. 자신의 생각을 진솔하게 효율적으로 전달할 수 있는 능력을 평가하는 스피치는 또 하나의 중요한 도구이다.

　말을 잘하려면 우선 **메시지가 명확**해야 한다. 확실한 Logic을 준비하라. 그 전제하에 몇 가지 Tip을 드린다.

　목소리에는 그 사람의 성격과 성향이 담겨 있다. 내 목소리가 타인에게 긍정적인 인상을 심어주기 위해서 복식호흡과 올바른 발성 훈련이 필요하다. 숨을 코로 깊게 들이마신 후, 아랫배와 단전에 힘을 주고 엉덩이까지 힘을 주는 느낌으로 '아~' 하고 가슴이 울릴 정도로 소리를 내 보자. 매일 30초만이라도 꾸준히 훈련하면 목이 잘 쉬는 사람도 가슴이 울리는 소리를 가질 수 있다.

　발음도 빠질 수 없다. 이미지가 좋고 목소리도 좋은데 이야기 전달력이 떨어진다면 난감하다. 한글은 자음과 모음으로 이뤄졌다. 자음은 혀의 움직임에, 모음은 입술 모양에 많은 영향을 받는다. 전달력을 높이기 위해 입술, 혀, 입 모양의 크기를 제대로 구사해 보도록 노력하면 좋다. 가령 'ㅗㅛㅜㅠ'를 발음할 때 입 모양을 뽀뽀하듯이 정확하게 입술 끝에 힘을 주는 식이다. 작은 부분인 것 같지만 이미지, 목소리, 발음이 바른말 하기 습관의 기본이 된다.

중요한 것은 한 마디 한 마디에 **정성이** 담겨야 한다.

툭 내던지는 말투는 얘기하고자 하는 느낌을 주기 힘들다. 정확하게 발음하려는 노력이 더욱 중요한 이유다. 성의 없는 듯해서 듣는 이가 오해하기 쉬운 말투다. '듣거나 말거나' 식이 돼 버리기 일쑤다.

말할 때 의미 단위로 **최대한 끊어 말하면서 천천히 말하자.** 발음을 정확히 한다면 **공손하고 예의 바르다는** 긍정적 인식을 심어줄 수 있다. **천천히 말함으로써 생각할 시간을 가질 수 있다는** 점도 하나의 포인트다.

진솔함으로 승부하라_ 시선, 표정, 행동 등 비언어적 메시지도 말하기 못지않게 중요하다. 함께 있던 사람에게 "그 사람 참 괜찮더라."라고만 전달할 수 있어도 성공한 스피치다. 표정은 항상 밝게 유지하자. 평소의 몸가짐이 예의 바르고 밝은 사람이라는 인상을 심어줄 수 있어야 한다. 시선은 한 사람만이 아닌, 함께하는 사람과 면대면을 마주 보는 느낌이 되도록 '얼굴·눈빛 마사지'를 해야 한다. 이 공간을 함께하고 생각을 나눈다는 공감대가 형성돼야 한다.

시선 처리는 특히 많은 연습이 필요한 부분이다. 상대로 하여금 눈빛을 바라보고 말한다는 생각을 갖게끔 만들 수 있다. 절대 아래쪽을 쳐다보지 않아야 한다. 대화나 스피치(말)를 해야 하는 장소에서 본인이 긴장해 버린다면 소통은 이뤄질 수 없다. 손동작의 경우에 면접장에서는 움직임을 최소화하는 편이 좋다.

말(스피치)할 때는 언제 어디서든 **자신감** 있게 분명하고 큰 목소리가 필요하다. 소리가 작거나 발음이 정확하지 않고 어미가 무성의하게 끝난다면 좋은 점수를 받기 힘들다. 사람의 말소리와 억양, 발음 속에서 자신감과 열정이 녹아 나온다. 굳이 달변가가 아니라도 자신의 열정과 진심을 그대로 느낄 수 있는 눌변가가 더 좋은 점수를 받는 경우가 많다.

말(스피치)할 때 **시간 조절**도 중요하다. 기사에도 분량이 정해져 있듯 한 질문에 너무 많은 부연 설명을 통해 중언부언하지 않도록 미리 생각하고 말해야 한다. 말이 너무 길어질 경우 핵심이 전달되지 않고, 듣는 이로 하여금 피로감을 느끼게 한다.

대중 앞에서나 공식 석상에서 자칫 말이 빨라지기 쉽다. 평소 말하기 연습을 할 때나 책을 읽을 때 의미 단위로 끊어 읽는 연습을 하는 것도 도움이 된다. 의사 전달은 물론 천천히 말함으로써 자신이 어떻게 대화를 전개하는지 생각할 수 있는 시간을 가질 수 있다.

말(스피치)**의 악보는 노래의 악보와 똑같다.** 음계가 있듯이 말의 높낮이가 있고, 음의 템포가 있다면 말의 빠름과 느림이 있다. 음의 강약이 곧 말의 강약을 나타내고, 쉼표는 말의 쉬어가기(pause)를 통한 또 다른 감칠맛을 낸다. 듣는 이에게 집중력을 요구하거나 강조의 기법으로도 활용될 수도 있다.

지인 중에 심지도 있고 심성도 그다지(?) 나쁘지 않은 친구가 있는데 늘 공격적이고 시비조이다. 소위 DS를 잘 친다. 그런데 DS란 말은 disrespect 것이다. 무례하다. 무시한다는 뜻으로 결국 신사적이지 못한 말이다. 기자라 그런가?

마지막으로 같은 내용이라도 **부정적인 표현보다는 긍정적인 단어로 말하는 것이 호감**을 이끌어낼 수 있음을 유념하자.

리더의 성공적인
스피치 스타일

 사람들은 어떤 모임이든 참석하게 되면 자기를 내세우기 위해 모든 방법을 다 동원한다. 그것을 필자는 소위 '노래방 마이크 쟁탈전'이라 칭하고 싶다. 한번 잡으면 자기의 레퍼토리를 다 털어놓아야 속이 후련해지는 심리가 바로 그것이다. 주제나 모임의 취지와 관계가 전혀 없는 말이라도 한 말씀 하셔야 체면이 서는 것처럼 자신의 얼굴을 세우려 골몰하는 사람들이 얼마나 많은가?

 세계를 공포로 몰아넣은 히틀러였지만 그는 멋들어진 첫마디로 대중을 선동하지 않았다. 그는 오히려 베를린 광장에 운집한 사람들 앞에서 5분간의 짧은 침묵을 통해 수많은 대중을 그의 마력 속으로 빠져들게 했다. 정복자 보나파르트 나폴레옹과 여권운동가 엘리자베스 스탠턴이 그러했는데, 그 침묵이 오히려 권위와 파워를 배가시켰다. 성공한 리더들의 화술을 살펴보면 • 침묵으로 말하고 • 강렬한 첫마디로 분위기를 압도하며 •카리스마를 연출한다. 그뿐만 아니라 •요점을 명확히 하고 •의미를 압축한 간결한 말로 강한 인상을 남기며 •자기 암시를 통해 성공 이미지를 연출한다.

스피치에는 **내용**(substance)**과 포장**(style), 두 가지가 모두 중요하다. 여기서 **내용**은 '**키 메시지**(key message)'가 있어야 한다. 키 메시지가 없는 말은 공허하며 아무리 말을 잘해도 마음에 남지 않는다. 다음은 **포장**(style)이 중요하다. 아무리 키 메시지가 있더라도 구태의연하고 천편일률적인 표현을 쓰면 아무리 좋은 키 메시지도 묻혀버린다. 스피치를 할 때는 공감할 수 있는 생생한 사건이나 사연 중심, 일상적 소재로 삼삼하게 그림이 그려지도록 말을 해야 한다. 거기에 반드시 말하는 이유, 즉 주제를 생각하면서 말해야 한다. 간결하고도 힘 있는 키 메시지를 만들었다면 적당한 '수사'로 힘을 불어넣어야 한다.

침착한 고양이는 소리를 내지 않고 피아노의 건반 위를 걸을 수 있다. 그러나 놀라거나 흥분한 상태에서는 요란한 소리를 낸다. 사람도 마찬가지다. 흥분하면 지혜가, 총명이 달아난다. 침착하게 말하라. 조용히 설득하라. 뜸 들여 조바심나게 하라. 숙성되고 발효된 농익은 작품을 내놓아라. 그 강력한 기술이 Pause(포즈)이다. 차근차근 조곤조곤 씻어서 숙성되고 발효된 스피치로 상대를 녹아들게 하라.

1. 충분히 생각하고 가슴으로 말하라.
2. 따뜻하게 말하라.
3. 훌륭한 청자가 되라.
4. 경청하고 있다는 반응을 보여라.
5. 상대방에게 말할 기회를 주어라.
6. 이야기 도중에 끼어들지 말라.
7. 협력을 구하는 식으로 말하라.
8. 유머(humor)를 사용하라.
9. 입장을 바꿔 생각하고 말하라.
10. 정확하게 말하라.
11. 요점을 확인하면서 들어라.
12. 말을 가려서 하라.

'졸가리' 닿는
말을 하라

　누구나 말을 잘하고 싶어 한다. 그러나 말을 많이 하는 것과 말의 '졸가리' 닿는 말과는 차이가 있다. 말이 많은 것은 상대를 지루하거나 짜증 나게 하기 일쑤여서 유효성이 떨어지는 말일 것이며, 졸가리 닿는 말은 줄기가 있어 이해가 쉽고 설득력이 있는 유효한 말이 될 것이다.

　여기서 졸가리가 닿는 말, 졸가리가 닿지 않는 말의 차이는 무엇일까?

　우선 '졸가리'란 논리적 일관성이 있는 말이다. '졸가리'란 말은 우리의 순수 토박이 말로서 명쾌하게 진실로 닿는 뜻의 '졸가리'란 사전적 의미는 '잎이 다 떨어진 나뭇가지', '사물의 군더더기를 다 떼어버린 나머지 즉 중요하고 핵심적인 골자, 군더더기를 다 떼어버린 나머지의 뼈대'를 의미한다. 그러므로 사족과 말미가 너저분하지 않아 매사에 졸가리가 분명해서 정직하고 단아한 말을 의미한다.

이처럼 단아하면서도 핵심적인 골자를 말하는 '졸가리 닿는 말'을 위해서는 우선 말을 하고자 할 때 주제가 무엇인지를 정확히 해야 한다. 그것이 책으로 말하자면 제목에 해당된다. 그다음 그 주제에 합당한 이론적 틀과 그것을 뒷받침해 줄 수 있는 배경지식이 있어야 한다. 그것이 곧 L & G이다. 즉, Logic(이론적 틀) 및 Grands(배경지식)이다.

필자는 Logic(이론적 틀)이 없는 말(스피치)은 '장돌뱅이식 스피치'요, '막무가내식 스피치'라고 극언을 서슴지 않는다. 그만큼 중요하단 뜻이다.

Logic(이론적 틀)을 세우기 위해서는 키워드(Key word)를 세워야 한다. 일테면 사랑의 언어에 대한 주제를 가지고 말을 하고자 하면 Logic(이론적 틀)을 세워야 하는데 그것이 책으로 얘기하자면 목차이다. 그 목차 즉 말하고자 하는 내용 콘텐츠(contents)인 것이다. 부제목은 Key word를 세우란 뜻이다.

마지막으로 키 메시지(Key Message)가 있어야 한다. 키 메시지(Key Message)는 말이나 글의 요지이며 결론이기도 하다. 말하고자 하는 핵심, 가장 중심이 되는 아이디어 뼈대가 바로 키 메시지다. 키 메시지가 없는 말은 물에 물 탄 듯, 술에 술 탄 듯, 희미하다. 무슨 말을 하고 있는지 종잡을 수 없게 말하는 사람이 있다. 키 메시지(Key Message)가 없어서 그렇다. 설령 키 메시지(Key Message)가 있다고 하더라도 그것을 중심으로 말하는 요령이 없어서 그런 것이다. 질문할 때는 질문의 요지가 키 메시지(Key Message)다. 질문하는 시간에 질문인지, 진술인지 구별할 수 없는 이야기를 늘어놓는 경우가 있다. 이런 경우에는 말이 끝나면 꼭 질문이 되돌아온다. "말씀하신 질문의 요지가 무엇인가요?"

키 메시지(Key Message)가 확실하지 않은 내용은 듣는 사람에게 혼란을 일으킨다. 반면에 말을 두괄식으로 하면 핵심이 더 살아난다. 중요한 주장이 앞에 오기 때문에 다음에 오는 자세한 내용에 대해서 표지판 노릇을 해준다. 듣는 사람이 옆길로 새거나 혼란에 빠질 염려가 없다. 우선 주장하는 바를 말하라. 말을 할 때는 중요한 부분이 있고 덜 중요한 부분이 있다. 핵심과 지엽을 구분해서 체계적으로 이야기하는 것이 중요한데 이렇게 듣는 사람에게 자신이 말하고자 하는 바를 확실하게 전달할 수 있다. 두괄식으로 해야 들으면서 정리가 잘 된다. 주장하는 바의 키 메시지(Key Message)를 말한 다음 이에 걸맞은 증거와 사례를 들어야 한다. 아내가 마트에 나가서 물건을 사러 갔는데 엄청 늦었다. 그래서 남편이 묻는다. "왜 못 사 왔어?"라고 묻는데 "응, 내가 할인점에 가는데 대학 때 친구를 만났거든. 그런데 그 친구 남편이 나를 알아보는 거야. 그래서…." 하면서 지엽적인 사항을 길게 늘어놓으면 듣는 사람의 인내심을 시험하는 것이 된다. 한두 번

이면 몰라도 매번 이런 식으로 답하다가는 듣는 사람이 짜증을 낼 만하다. "그래서 어떻게 됐다는 거야?" 하는 반응이 나오기 쉽다.

모든 메시지에는 핵심과 지엽이 있다. 이 두 부분을 먼저 구분한 후에 핵심적인 부분을 강조해 말하고 그다음으로 지엽적인 사례를 제시해야 한다. '키 메시지'는 이처럼 하고자 하는 말을 단 하나의 단어나 문장으로 압축하여 나타낸 것이다. 특히 청중이 긴 연설의 내용을 모두 다 기억하기는 어렵다. 그러나 잘 만들어진 키 메시지를 활용하면 청중의 머릿속에 전달하고자 하는 내용을 효과적으로 남길 수 있다. 또한 키 메시지는 스피치를 안정적으로 이끌어가는 중심축이 된다. 핵심 내용을 미리 정해두었기 때문에 중요한 메시지를 빠뜨리지 않게 되고 따라서 연설이 삼천포로 빠지는 일도 줄어든다. 그렇다면 키 메시지는 어떻게 만들고 사용해야 할까? 그저 하고 싶은 이야기를 모아 한 줄에 담으면 되는 걸까? 효과적인 키 메시지를 만들려면 3가지 포인트를 기억해야 한다.

첫째, 키 메시지는 단순하고 강렬해야 한다. 생텍쥐페리는 "완벽함이란 더 더할 것이 없을 때가 아니라 더 이상 뺄 것이 없을 때 완성된다."라고 말했다. 스피치도 마찬가지이다. 말이 너무 많으면 전하고자 하는 핵심이 흐려진다. 아무리 중요한 내용이라도 핵심 논지를 흐릴 위험이 있다면 과감히 빼는 것이 좋다.

둘째, 키 메시지는 듣는 이의 감성을 자극해야 한다. 감성을 자극한다는 것이 꼭 감동적인 것을 말하는 것은 아니다. 듣는 사람으로 하여금 연설이 자신과 관련이 있는 것처럼 느끼게 만들어야 한다는 것이다. 오바마의 연설 중에 '106세 흑인 할머니의 인생 스토리를 인용해 청중을 감동시킨 것'이 그 예다.

셋째, 키 메시지는 반복되어야 한다. 바로 키 메시지를 부각하기 위해서다. 이것이 장황한 자료를 늘어놓으며 설명하는 것보다 훨씬 효과적으로 대중에게 호소하는 방법이다. 스티브 잡스는 스탠퍼드 대학교에서 "Stay hungry, stay foolish."라는 말을 3번 반복하며 연설을 마무리했다. 사람들은 그 연설을 'Stay hungry, stay foolish.'로 기억한다.

명 스피치는 한마디로 기억된다. 굳이 연설할 때뿐 아니라 일상적인 업무 지시를 할 때도 키 메시지를 잘 활용하면 무척 도움이 될 것이다. 어떤 상황에서든지 말을 하기 전 말하려는 핵심을 추려내고 단순하면서도 감성적인 키 메시지를 만들어보라. 그리고 그것을 반복해 보라.

일테면 링컨의 명연설에서는 "국민의, 국민에 의한, 국민을 위한 정부(government of the people, by the people, for the people)"란 명언을 남겼다.

"호랑이는 죽어서 가죽을 남기고 사람은 죽어서 이름을 남긴다." 아니다. 한 시대를 풍미했던 유명한 사람들은 이름과 함께 명언도 남긴다.

이처럼 멋진 메시지 한 줄은 스피치를 빛나게 할 뿐만 아니라 사람들의 가슴에 오래 남는다.

LINCOLN

스스로 질문을 던져 키워드를 찾아라
무엇을 어떻게 말해야 될지
잘 모르겠다면

우선 말하려면 말하고자 하는 메시지가 있다. 없다고라? 아, 어렵게 생각하지 말고 있다고. ㅋㅋ 없다고 생각되면 말하고자 하는 핵심을 한 문장으로 압축해라. 그것이 '논지'다.

다시 한번 정리하자면 "이 모임은 도대체 누구의 것인가?" 란 메시지를 전달하고 싶다면 "이 모임은 도대체 누구의 것인가?"란 한 문장이 바로 논지다.

이 논지를 증거하거나 설명할 소주제를 키워드로 설정해 놓고 하나하나를 풀어 가면 좋은 스피치가 되는 것이다.

1) YCY 모임은 누구의 것인가?

2) 보문산은 누구의 것인가?

3) 영덕은 누구의 것인가?

위 3가지가 논지를 증거하고자 하는 소주제들이다. 이 소주제를 하나하나 설명하면 되는데 그 설명을 이론적으로 풀지 말고 사례를 적용하란 말이다. 이 이야깃거리를 Self-appreciation(자기적용)이라 한다. 다시 말해 하나하나 풀어가는 내용을 본인이 보고 듣고 경험한 것들을 가지고 설명하거나 증거하란 말이다. 여기서 중요한 게 있다. 사람들은 이론적인 것으로만은 설득당하지 않는다는 것이다. 공감대가 형성되어야 설득된다는 말이다. 이때 공감대를 형성하기 위해서는 말하는 이의 Self appreciation(자기적용)이 필요하다. 본인이 듣고 느끼고 깨닫고 갈등하고 경험한 것을 토대로 말을 해야 수용할 수 있는 공감대가 형성되어 설득된다는 것이다.

"이 모임이 누구의 것입니까?"

어제 영덕 블루로드를 걷고 영덕대게를 먹는 맛 트레킹 여행을 했다. 돌아오는 길에 버스 안에서 노래자랑이 시작되었는데 필자도 애창곡을 불렀는데 요즘은 놀랍게도 점수가 잘 나온다. 백 점 나오면 5만 원, 안 나오면 1만 원을 노랫값으로 줄 심산으로 노래를 불렀는데 오늘도 5만 원을 냈다. 이렇게 흥도 돋우며 적당히 참여한 후 앞 좌석에 앉아 점잖게 관전하고 있는데 분위기 메이커인 세무법인 오늘 김○○ 대표가 "아니, YCY가 누구의 것입니까? 주인이신 윤치영 박사님이 앉아 계시면 아니 되지요. 나오세요."라며 설레발(?)을 떨며 손을 잡고 끌고 나와 춤을 추게 했다. 참 내 원, 원 내 참….

그때 예리하신 대전 교통 장애인 재활협회 ○○규 회장께서 한 말씀, "아니, YCY가 윤 박사 거여?"

"하하하. 아무리 YCY가 윤 박사 거라 해도 YCY가 윤 박사

것이란 말인가? 그럼 보문산은 누구의 것인가? 대전시장의 것인가? 대전시민의 것인가? 아니다. 보문산을 이용하는 자의 것 아니겠는가?"

"마찬가지다. 영덕 블루로드가 누구의 것인가? 사용하고 이용하는 자의 것 아니겠는가? 이 지구상의 모든 자연은 사용하는 자의 것이다. YCY도 마찬가지다. 참여하는 자의 것이다."

이제 결론으로 들어간다. 본론 부를 한 번 더 압축해서 강조해 주면 말하고자 하는 이의 결론이 되는 것이고 마무리하는 방식이기도 하다.

"YCY 교육포럼은 어느 한 사람의 것이 아닌 참여하는 당신의 것입니다. 참여하는 이가 주인입니다. 주인이 되어주세요."

여기서 하나 더 비밀을 공개하자면 확실히 주인이 되는 법이 있는데 그것은 임원을 맡는 일입니다. 임원이 되어야 역할이 생기고 역할을 충실히 하다 보면 주인의식도 생기고 존재감도 드러나는 법이지요. 무슨 역할을 맡아주실래요?

참고로 오다가 버스가 주유한다고 주유소를 들렀다. 주유를 한 건지 기름을 뺀 건지는 아직도 아리송하지만 살짝 내렸다 타는 이를 보았다. 예쁜 김○○ 대표다. ㅎㅎㅎ

지금까지 한 말들을 잘 살펴보면 논지와 소주제 그리고 풀어가는 사례(Self appreciation)와 결론이 보일 것이다.

말은 이렇게 하는 것이다. 그것이 강의든, 연설이든, 대화든, 어떤 형식이든 간에 논지에 대한 소주제를 서너 가지 세워서 하나하나 풀어가면 되는 것이다.

즉흥적으로 말을
풀어나가는 법

공적인 자리나 사적인 자리에서 갑자기 자신의 의견을 제
안하거나 본인 생각을 말해야 하는 주제 스피치나, 인사말을
해야 할 때 말할 거리가 생각이 나지 않거나 어디서부터 어
떻게 풀어가야 할지 모를 때는 이렇게 풀어가라.

**첫째, 말하고자 하는데 어떻게 풀어가야 할지 막막할 때가
있다.** 그때는 차분히 마음을 가라앉히고 문제의식을 가지고
주제어(key word)를 찾은 다음 그 주제어(key word)에 나뭇가지가
가지 치듯 소주제를 잡아 줄기를 세워라. 냇가를 건널 때 징
검다리를 건너가듯 말이다.

예를 들면 이런 것이다. 사랑이란 주제를 가지고 말을 하고
싶을 때 사랑이 도대체 무엇일까?(사랑의 정의) 사랑이란 어떻게
하는 것일까?(사랑의 방법) 아름다운 사랑과 추한 사랑의 차이는
무엇일까?(사랑의 종류) 하는 식으로 생각을 가지 쳐 나가는 것
이다. 그 줄기를 따라 풀어나가면 일목요연하게 논리적으로

스피치를 전개해 나갈 수 있는 것이다.

둘째, 포즈(Pause)로 먹히는 말을 하는 것이다. 대개 많은 사람들은 말을 할 때 무엇에 쫓기듯 성급하게 말을 이어간다. 그러니 상대와 교감은커녕 그 말을 이해하려 쫓아가기에 바쁘다. 마크 트웨인은 "말하기에 있어 포즈(Pause)보다 더 강력한 무기는 없다."라고 강조했다. 포즈(Pause)는 결코 어려운 기술이 아니다. 단지 말과 말 사이의 쉼을 주는 정도인데 사람들은 끊어 말하는 정도로 착각한다. 포즈(Pause)는 끊어 말하는 정도보다 긴 시간의 휴지(休止)를 갖는다. 스피치에 있어 침착한 어조가 사람을 끌어당기고, 때론 침묵이 언어보다 더 강한 메시지를 전달한다. 포즈(Pause)는 끊어 말하는 정도보다 조금 더 쉼을 줌으로 상대(대상)와 호흡(생각)을 나누는 효과를 얻을 수 있다. 말과 말 사이에 쉼을 줌으로 대상(상대)과 교감하여 먹히는 말을 하라. 포즈(Pause)를 효과적으로 사용하기 위해서는 시선 맞춤(eye-contact)을 하면서 무언의 교감을 느끼게 하라.

세 번째는 짧막하게 압축된 말 - 콘셉트 워드(concept word)로 촌철살인(寸鐵殺人)이 아닌 촌철활인(寸鐵活人)과 같이 강한 임팩트(impact)를 남겨라. 이 콘셉트 워드야말로 깨달음(覺)으로 사람을 각성시켜 행동을 유발하고 변화를 끌어낼 수 있게 된다. 여기서 짤막하게 압축된 말은 곧 콘셉트 워드라 할 수 있는데 주제어를 하나의 문장으로 만들면 되는 것이다. 이것이 곧 핵심 메시지가 될 수 있다. 일테면 사랑이란 나란히 앉아 같은 곳을 바라보는 것이다. 이처럼 따로 손보지 않고도 그대로 **광고의 카피(capy)처럼 강력한 메시지를 만들 수 있게 된다.** 짧은 단어나 문장으로 압축이 가능하다는 것은 그만큼 콘셉트가 명료하고 단순하며 덕분에 힘이 있다는 얘기다. 또한 기억하기도 쉽다. 긴말은 군더더기가 많고 짧은 말이 정곡을 찌른다. 따라서 지금까지 말한 것은 한 문장으로 압축하든 짧은 명언으로 끝내라.

무엇이
두려운가?

　오래전에 '성바오로수도회'에 강의를 간 적이 있었는데 참 인상적이어서 지금까지도 생생하게 기억하고 있다. 수도회 건물에 들어서는 순간 잘 정돈된 듯한 정갈함 그리고 반듯함 거기에 종교적 엄숙함이 주는 무게감이 이만저만이 아니었다. 강의실에 들어서는 순간 수녀님들이 50~60명 정갈하게 하나같은 수녀복을 입고 있는 모습이 신비스런 아름다움을 느끼기에 충분했다. 그런데 한결같이 명랑 소녀처럼 밝은 미소를 보내고 있었지만 범접할 수 없는 엄숙함에 정신이 혼미해질 지경이었다. 그러나 이상하게 그 순간순간을 집중하게 만들었다. 피할 수 없는 숙명적이란 생각에….

　강의에 들어가기 전 '무엇이 두려운가?'란 자문과 함께 미소 짓고 있는 수녀님들께 질문을 했다. 그러면서 스스로에게 한 자문자답은 '그렇지, 두려움은 늘 존재하기 마련이지.'란 생각에 온몸이 어색함으로 스멀거렸다.

새로운 환경이나 뜻밖의 역할을 해야 할 경우 누구든 긴장하거나 부자연스러울 수도 있고 떨 수도 있겠다는 생각이 스치는 순간 수녀님들로부터 의외의 답변들이 쏟아졌다.

깊은 우물 속, 어둠, 상실에 대한 두려움, 몽당빗자루 귀신….

그리고 사람이 무섭다는 것이다. 특히 많은 사람들 앞에 서는 것이 두렵단다. 수녀님들까지… 자유로울 수 없는 영역, '사람들 앞에서 말하기'이다.

한국의 입시 위주의 주입식 교육으로 인해 토론이나 발표 수업을 받지 않은 이들의 공통된 고민이고 결국 한국 국민들의 대다수는 한국 교육의 피해자들이고 수혜자가 윤치영이라고 해서 한바탕 웃었던 기억이 난다.

아무튼 10명의 사람 중 6~명은 사람 앞에서 말하거나 발표하는 것이 두렵거나 극도로 긴장이 되어서 피할 수 있다면 피해 가려 한다는 것이다. 그렇다고 이게 피하려 한다고 피해질까?

현대 사회는 사람과 사람 사이의 관계에서 의사를 표현하고 발표하고 소통하는 시대이다. 그렇다면 어떻게 극복할 수 있을까?

이 점을 해결하지 않으면 어떻게 화술 전문가, 화술 박사라 할 수 있겠는가? 그래서 쓰게 된 것이 바로 『발표 불안 극복

및 발표 기술』이란 책이다.

막상 스피치 교육 현장에서 호흡 및 발성 수련을 시키다 보면 대부분이 "도레미파솔라시도….." 계명조차 소리를 잘 내지 못한다. 계명 하나 표현을 못 하고 있다는 사실이 정말 안타깝다. 왜일까? 소리를 표출해야 하는데 안에서 무엇인가 잡고 있다. 높은 '도'를 내라 하면 더더욱 못 내고 만다. 무엇이 이들을 잡고 있는 것일까?

그렇다. 내가 이 소리를 '잘~ 낼 수 있을까?' 하는 의구심과 두려움이다. 그러나 막상 내질러 보면 소리가 되거늘 용기란 에너지 부족할 뿐이다.

피를 토하듯 내 안에 응어리진 것들을 토설해야 한다. 내 안에 있는 나의 소리를 토해낼 수 있다면 이제 자유인이 될 수 있을 것이다.

'단무지 법칙'처럼 단순하고 무식하지만 지혜롭게 내질러라. 그러면 내 안에 있는 주인이 다 감당한다. 그리고 '나다운' 소리를 찾게 된다. 그리고 진정한 '내면의 소리, 영혼의 소리'가 터질 수 있게 된다.

도그마Dogma, 말하자면
다른 사람들의
생각에 얽매이지 마라

타인의 소리가 여러분 내면의 진정한 목소리를 방해하지 못하게 해야 한다. 가장 중요한 것은 마음과 영감을 따르는 용기를 가지는 것이다.

"항상 갈망하라, 늘 바보처럼.", "도그마, 말하자면 다른 사람들의 생각에 얽매이지 마라.", "언제나 우직하게, 하루하루를 인생의 마지막 날처럼 살아가라." 이는 스티브 잡스의 말이다.

다음은 체면과 형식에 얽매이지 마라.

체면과 형식이 나를 구속한다. 체면에 얽매이지 마라. 형식을 깨라. 어떤 구속이나 예절로부터 벗어나라. 너무 격식이나 예의를 갖추려 하면 서로 어려워진다. 파탈(擺脫)해야 편(便)해진다. 맘속에 있는 본능적인 것을 숨겨 놓고 안 그런 척 하지 마라. FunFun하게 열어야 자유로워질 수 있다. 뻔뻔해지면 편편(便便)해진다.

윤치영 박사가 운영하는 아카데미에서는 스피치(소통, 커뮤니케이션, 인간관계)뿐만 아니라 4차 산업혁명 시대에 미래의 변화에 대응하기 위한 자기 점검과 자신의 전문성과 나만의 경쟁력(Apply: 자신만의 독창적인 영역)을 구축하기 위한 다양한 방식의 종합적 교육이 이뤄지고 있다. 따라서 대입 면접(10대)에서부터 직장인(30~40대)들을 위한 프레젠테이션과 소통 및 인간관계 훈련, 그리고 자영업이나 영업하는 이(40~50대)들을 위한 설득, 협상 등 대화 기법과 마음을 움직이는 화술과 처세 그리고 경영, 즐거운 일터 만들기 등에 관한 강의와 실전 경험을 하게 된다. 최근에는 백세 장수 시대를 맞아 정년 이후 제2막 인생을 준비하고자 나오는 청장년 실버그룹(50~60대)도 늘고 있다.

YCY의 교육적 철학은 "즐기면서 성장하라."는 것이며 YCY의 캐치프레이즈는 "준비하라, 경험하라, 반복하라."는 것이다. 그것이 윤 박사의 스피치 교육 행동강령이기도 하다. 재미있고 영양가 있는 말할 거리(Logic)를 준비해야 사람들에게 지적 호기심을 유발할 수 있게 된다. 경험을 통해 면역력을 키우고 내공을 쌓을 수 있게 된다. 누군 하루아침에 스타가 되었을까? 반복하고 반복해서 프로가 된 것이고 명성을 쌓게 되는 것이다. 포기하지 말고 준비하고 경험하고 반복해서 그 분야의 달인이 되어야 한다. 그게 이 시대의 생존 전략이며 피하지 않고 즐기는 방법이다.

공식적인 석상公席에서 스피치에 자신을 갖는 법

사람 앞에서 말하게 될 경우 또는 다른 사람 앞에서 말할 경우 긴장하거나 주눅이 들린다든가, 숨이 가쁘고 목소리가 잘 안 나오고 목소리의 변화가 없고 거칠게 되며 음성이 높아지는 것. 또는 말문이 막히고 상대(면접관)의 눈을 피하거나 내용이 생각 안 나는 것 등…. 이러한 모든 것을 공석(公席) 공포, 감정적 긴장 혹은 신경과민이라고 한다. 식은땀이 나고 입이 마르고 가슴이 뛰고 경련이 일어나거나 아랫배가 빈 것 같은 것을 느끼는 것도 모두가 감정적 긴장인데 이는 생리적 반응으로서 아드레날린 호르몬(Adrenalin hormone)이 직접 혈액 속으로 분비되고 더 많은 산소가 필요하게 되므로 숨이 빨라지고 심장이 뛰는 것은 혈액 순환이 가속되기 때문이고, 땀이 나는 것은 몸을 식히기 위한 것이며, 공복감을 느끼는 것은 위액의 분비가 정지되기 때문이다. 즉 온몸 전체가 그러한 장면에 적응하기 위하여 활동이 중단되는 것이다. 말하기에 있어서 가장 큰 장애는 이러한 공석(公席) 공포증이다.

공석(公席) 공포의 원인은 일반적으로 •새롭고 낯선 언어 장면에 들어갈 때 •말해야 할 내용에 대한 충분한 지식이 없을 때, •실패하지나 않을까 하는 두려움을 갖거나 •준비가 불충분하거나 •열등감 및 성격상의 결함, 그 외에도 청중의 심리적 반응을 잘못 해석하기 때문에 일어나는 경우가 많다. 또 어떤 근심 때문에 화자의 주위가 밖으로 향하지 않고 그 자신에게 집중되는 경우 특히 그러한 말을 함으로써 공격이나 테러를 당하지 않을까 하는 두려움이라든가, 지능적이나 사회적으로 잘 맞지 않을 때 이런 원인의 이유가 되는 경우도 있으며, 자기의 말이 좋지 않게 평가되지나 않을까 해서 긴장하는 경우도 있다.

대전 스피치 면접학원 원장인 윤치영 화술 박사의 공석(公席)을 극복하는 방법은 여러 사람 앞에 자주 섬으로써 경험을 얻고 훈련을 하는 방법이 가장 좋다.

충분한 준비에 의한 방법으로는 1) 말 첫머리의 3, 4개의 문장을 써서 외운 후 나가서 말하라. 2) 자세한 아우트라인(Outline)을 작성하라. 3) 그 아우트라인을 갖고 나가서 탁상 위에 놓고 하라. 4) 아우트라인을 철저하게 암기해서 눈을 감고도 그 제목이 눈에 선하게 하도록 할 것 등이다.

육체적 통제에 의한 방법으로는 1) 말하기 전에 긴장을 풀고, 공석(公席)에 섰을 때는 긴장을 완전히 풀 것. 2) 회장에 들어가기 전에 몇 분 동안 심호흡을 한 후 입을 열 것. 3) 되도록 많은 신체적 동작을 사용할 것 등이다.

그리고 정신적 태도에 의한 방법으로는 다른 사람도 모두 공포감을 갖고 있으니. 그 공포와 맞설 용기가 있다는 것 등을 생각하라.

그런데 여기서 우리가 알아야 할 것은 이러한 긴장 상태가 한편으로는 오히려 꼭 필요하다는 것이다. 문제는 그런 긴장 상태에서 나오는 힘이 건설적으로 사용하느냐 아니면 파괴적으로 사용되느냐 하는 것뿐이다.

공석(公席)으로 나갈 때는 보통 걸음으로 나아가고 사람들의 무리(청중)를 쭉 훑어보면서 약간의 포즈를 취하고 청중의 주위를 끌어 보라. 말할 때도 역시 규칙적으로 호흡을 함으로써 긴장감도 풀 수 있고 목소리에도 좋은 공명이 생기게 된다.

말하는 약간의 포즈(쉼)를 두는 것은 자신의 긴장을 푸는 방법도 되지만 청중의 주의를 이끄는 방법도 되는 것이다. 너무 청산유수 격으로 말하려고 애쓰지 말아야 한다.

한 이야기의 단락이 끝나면 약간 더 긴 쉼을 두는 것은 다음에 할 이야기를 생각해 내는 데도 좋은 것이다. 그리고 이야기를 중도에 잊어버리면 앞에 한 이야기를 되풀이해서 생각하면 기억이 살아날 것이다.

대중 앞에서 떨지 않고
말을 잘하고 싶다면

"앉아서는 말을 잘하는데 사람들 앞에만 서면 말을 잘 못해서 고민입니다." 필자가 외부 강의를 나갔을 때 가장 많이 듣는 말이다. 동료나 친구들과 생각나는 대로 이야기를 나누는 데는 아무 문제가 없는데 막상 멍석을 깔아주고 이야기하라고 하면 반벙어리가 된다고 고민하는 이들이 많다. 이처럼 많은 사람 앞에서 서는 것이 결코 쉬운 일이 아니다.

방송인 '이상민'도 자신의 무대공포증을 고백했다. tvN 예능 프로그램 '어쩌다 어른'에서 '이상민'은 "두려움을 느끼는 어른들에게"라는 주제로 강연을 펼쳤다. 이날 이상민은 "무대 공포증이 심했다. 무대에 올라가면 머리가 하얘지고 음정, 박자가 하나도 생각이 안 났다."라고 고백했다. 이어 이상민은 "내가 할 수 있는 것은 음악을 듣고, 일기를 쓰고, 메모하는 것이었다. 지금도 휴대폰에는 메모 앱이 있고, 하루 2, 3개씩 기록하고 있다."라며 자신의 두려움 극복법을 털어났다.

대전 스피치 면접학원의 윤치영 화술 박사가 제안하는 방법을 실천에 옮겨보자.

무대공포는 자신의 행위를 다른 사람에게 보여주는 경우에 과도하게 긴장하고 불안해하는 현상이다. 다른 사람이 자신에 대해 어떻게 평가할지, 비판적이지는 않을지, 실수하면 굉장히 창피하게 될 것 같은 사고 경향과도 연관되어 있다. 이러한 경험이 자꾸 쌓이다 보면, 자신감도 떨어지고, 자기 스스로에 대한 평가도 하락하여 우울한 마음의 상태가 될 것이다. 무대공포의 인지 행동적인 치료 방법의 핵심은 반복적으로 불안한 상태에 노출시킴으로써 그런 상황에 숙달되게 하여 자신감을 회복시키는 것이다. 하여 무대공포증은 누구든 크고 작음의 문제일 뿐 다 가지고 있다는 것을 인정할 필요가 있다. 중요한 것은 타인의 시선이나 평가에 연연해하지 않고 내지르는 용기가 필요하다.

그러려면 나무를 보지 말고 숲을 보아야 한다. 대개 '무대공포증'을 가지고 있는 사람들은 문장 토씨 하나 가지고 연연해한다든지, 무대 앞에서 작은 동작 하나하나에 연연해한다는 특징이 있다. 너무 작은 것에 연연해하지 말고 전체를 아우르는 담대함이 필요하다는 얘기이다. 처음부터 끝까지 어떻게 진행해야 하고, 어디서는 어떤 동작을 어떻게 하겠다고 다 준비가 되면 두려움이 없어지기 때문이다. 그리고 그 상황을 받아들이고 즐겨야 한다는 것이다.

그러기 위해서는 자기 최면도 필요하다. 깊이 숨을 들이마시고 길게 내뿜으면서 '나는 잘할 수 있어.'든지 '나는 자신 있다.'라는 그런 '자기 최면'을 걸어 보라. 그러면 마술처럼 무대공포증은 사라진다.

무대공포증을 예방하는 호흡법을 배워라_ 우선 코를 통해 숨을 깊이 들이마신다. 폐에 공기가 가득 찰 때까지 계속 들이마셔라. 이때 반드시 코를 이용해야 한다. 코로 숨을 쉬면 횡격막의 긴장이 풀어지기 때문이다. 무대공포증이 있으면 횡격막이 팽팽하게 긴장되어 숨이 짧아지고 뇌에 산소가 제대로 공급되지 않는다. 그러므로 코로 깊게 숨을 들이쉬어 가능한 한 폐를 크게 부풀려라. 그러고 나서 입으로 '툭 쏟아내듯' 숨을 내쉬어라. 이제 호흡이 자연스러워질 때까지 기다려라. 평상시처럼 자연스럽게 숨이 쉬어질 때까지 기다려라. 이런 식으로 서너 번 호흡하고 나면 어느새 마음이 평정을 되찾게 된다. 이제 당신은 침착하고 대담해지며 지금까지 경험하지 못한 에너지가 넘쳐흐르는 것을 느낄 수 있다. 이 호흡법을 통해 당신은 침착성과 자신감을 되찾게 된다. 청중에 대한 두려움은 있지만 견딜 만한 약간의 떨림일 뿐이다.

이미지 트레이닝_ 배우가 된 기분으로 영상을 떠올려 본다. 무대 위에서 큰 소리로 선언하는 자신의 모습에 성취감을 느낄 수 있다면 이 트레이닝은 성공이다. 반드시 배우가 되었고 생각하고, 몸짓과 손짓을 나누며 큰 소리로 자신이 달라져 간다는 사실을 많은 관객을 향해 선언해 보아야 한다. 이것은 자신의 가치를 스스로 높이고 인정하는 연습이다. 반드시 즐기는 마음으로 해야 한다.

크레이지 스피치(Crazy speech)_ 음치를 교정하기 위해 양동이를 쓰고 소리 지르게 한다. 양동이를 쓰고 소리를 지르면 소리 지르는 사람이 자기 목소리를 알아들을 수 있어 음을 스스로 컨트롤할 수 있게 된다. 마치 어떤 분이 한 번도 미국에 가지 않고도 4개월 만에 미국 사람처럼 정확한 발음의 영어를 익힌 학습법처럼 밀폐된 공간에서 좋은 문장을 소리내어 읽는 연습은 최고의 효과를 가져올 수 있는 스피치 향상법이다.

힘을 다해, 미친 사람처럼 일해 좋은 결과를 내는 사람을 "미친 듯이 잘한다.", "신들린 듯이 한다."라고 표현한다. 일례로 무당은 작두 위에서도 춤을 춘다. 보통 사람으로서는 어림도 없는 일이다. 한마디로 신들린 상태가 아니고서는 도저히 불가능하다. 미친 사람만이 미칠 수 있다. 어느 일에 신들린 듯 미친 사람이야말로 초인적인 업적을 내어놓게 된다.

중요한 말하기에 앞서 총연습을 하라_ 중요한 말하기나 스

196

피치가 있을 때는 반드시 총연습을 해야 한다. 그래야만 내용이나 구성, 표현 방법, 스피치 태도 등에 나타난 단점을 바로잡을 수 있다. 청중이 되어줄 사람들을 몇 명 모아라. 일단 스피치를 하고 난 후, 청중에게서 피드백을 받아라. 의견과 비평을 가리지 말고 받아들여라. 총연습은 객관적인 평가를 받을 수 있는 아주 귀한 시간이다. 당신은 이미 총연습 때 최선을 다해 모든 것을 보여주었기 때문에 결전의 날에 연단에 오르는 것이 크게 두렵지 않을 것이다. 당신은 무의식적으로 큰 확신을 갖게 된다.

훌륭한 강연에 귀를 기울여라_ 텔레비전에서 방영하는 강연과 토론 프로그램을 선별해서 꾸준히 시청하라. 흥미롭게 본 프로그램은 녹화해 두면 좋다. 그리고 녹화한 테이프를 여러 차례 반복해서 보아라. 라디오에서 나오는 훌륭한 강연을 녹음해도 좋고 유익한 강연이 녹음된 테이프를 사도 좋다.

대중 앞에서
스피치를 즐겨라

스피치를 하다 보면 준비한 내용 중 많은 것을 발표하지 못하는 경우도 있고, 표현도 준비해 둔 것과 상당히 달라지는 경우도 있으며, 전혀 예상치 않았던 부분에서 많은 시간을 소모하게 되는 경우도 있다. 그래서 사람들은 많은 사람 앞에 선다는 것을 두려워하거나 회피하게 된다. 그렇다고 영원히 회피할 수 있는 일은 아니지 않는가? 정면으로 승부하라. 기록과 한계는 돌파하기 위해 존재하는 것이다. 대전 면접 스피치 학원의 윤치영 화술 박사의 노하우를 공개한다.

틀리는 것을 두려워하지 말고 자신 있게 표현하라_ 경험이 부족한 연사가 개요서만 가지고 스피치에 임하는 것을 꺼리는 이유는 말이 잘못 튀어나올 것을 두려워하기 때문이다. 그러나, 말은 하다 보면 틀릴 수도 있는 법이다. 표현이 적절치 못했다고 생각하면 이를 고치거나 다시 표현하면 된다. 문장이 문법에 어긋나거나 약간 어색해도 뜻만 제대로 통하면 큰 문제는 없다. 텔레비전에 나오는 MC들의 말을 녹취해 보면 문법에 어긋나는 문장이나, 적절하지 못한 표현들이 수두룩하다. 그러나 듣는 사람은 그 뜻만을 헤아리기 때문에 이러한 잘못을 쉽게 눈치채지 못한다. 따라서 "틀리면 어떻게 하나…." 하고 두려워하지 말고 자신 있게 표현하면 큰 문제는 없다.

연사 혼자서 말하려 하지 마라_ 많은 연사들이 스피치는 일방적으로 이루어지는 것이라 믿는 경향이 있다. 즉 연사는 자기 말만 충실히 전달하면 되고 청중은 가만히 앉아 듣기만 하면 된다고 생각한다. 이런 생각에 익숙한 연사들은 청중에게는 별로 신경을 쓰지 않고 자기 스피치에만 집중하게 된다. 마치 아무도 없는 방 안에서 혼자 스피치를 하는 것처럼 자기만의 세계 속에서 스피치를 실행한다는 것이다. 그러나 스피치는 일상적인 대화와 같이 듣는 사람과의 상호작용 속에서 이루어져야 한다. 물론 대화처럼 서로 차례를 바꾸어 가면서 발표하는 것은 아니지만, 마치 청중에게 차례라도 넘겨줄 것 같이 그들을 끌어들이는 자세로 발표해야 한다. 한 마디 한 마디 할 때마다 청중의 반응을 구하고 그들의 반응에 적절하게 대응하는 스피치야말로 진정한 스피치라 할 수 있다.

공백을 두려워하지 말고 시간적 여유를 가지라_ 스피치를 하다가 해야 할 말이 잘 생각나지 않으면 누구나 당황하게 된다. 부랴부랴 개요서를 내려보지만 필요한 부분이 눈에 선뜻 들어오지 않을 수도 있으며 그렇게 되면 더욱 당황하게 된다. 그러나 이것은 스피치 중에 불필요한 공백을 두지 말아야 한다는 강박관념 때문에 일어나는 현상이다. 사람은 누구나 말이 막힐 때가 있으며 이때는 도중에 말을 쉴 수밖에 없다. 따라서, 공백 현상을 두려워하지 말고 마음의 여유를 가져야 한다. 그래야 개요서도 눈에 잘 들어오고 좋은 표현도 떠오르게 된다.

잡소리로 공백을 메꾸지 말라_ 말이 잘 생각나지 않을 때 무의미한 말이나 듣기 거북한 소리로 공백을 메꾸는 연사가 많다. '그리고', '그고'(그리고의 빠른 발음), '그런데', '저기', '뭐', '저', '어', '마', '그', '음' 등이 흔히 쓰이는 공백 메꾸는 소리(Filler)인데 이것들은 가급적 사용하지 않는 것이 좋다. 어떤 연사는 공백을 메꾸기 위해서가 아니라 아예 습관적으로 이런 소리들을 사용하는데, 이것은 연습을 통해서라도 고쳐야 한다. 이 외에도 혀를 차는 소리나, 입을 거의 벌리지 않고 급하게 공기를 들이마실 때 나는 '쓰' 하는 소리 등 불필요한 잡음을 내지 않도록 조심하여야 한다.

준비한 대로 정확하게 발표하려 하지 마라_ 경험이 부족한 연사들은 "연습해 둔 것이 잘 생각나지 않으면 어떡하지…." 또는 "표현이 제때제때 떠오르지 않으면 큰일인데…." 하고 걱정한다. 그래서 스피치를 가능한 한 자세하게 준비한 다음 표현 하나하나를 암기해 두려고 노력한다. 스피치는 준비한 그대로 정확하게 발표해야 한다는 그릇된 믿음 때문에 벌어지는 일이다. 스피치는 준비를 필요로 하지만 준비한 것을 토대로 하여 현장에서 실행하는 것이다. 핵심 명제나 주요 아이디어 그리고 세부 내용 등 스피치 내용을 구성하는 본질적인 아이디어들만 빠지거나 바뀌지 않으면 된다. 이들에 대한 세세한 표현들은 얼마든지 바뀔 수 있으며 부연 설명 역시 바뀌어도 좋고 빠져도 좋다. 준비된 대로 전달되어야 할 핵심 명제나 주요 아이디어 그리고 세부 내용들은 실행 개요서에 기록되어 있기 때문에 잘 생각나지 않으면 이 개요서를 참고로 하면 된다. 따라서 준비한 대로 정확하게 발표하겠다는 욕심을 버리고 자연스럽게 생각나는 대로 발표하겠다는 자세를 가져야 한다.

외우지 못할 만큼 긴 스피치는 내려보고 읽어도 좋다_ 대본 낭독식으로 실행하기에는 적절치 않은 스피치임에도 불구하고 "준비된 스피치가 길다."라는 핑계로 대본을 또박또박 읽어나가는 연사가 있다. 앞에서도 언급하였듯이 대본 낭독식 실행은 청중을 이해시키거나 설득하는 것보다는 자신의 의사를 표명하는 것이 주된 목적일 때 사용하는 것이다. 연구 결과를 보고하거나 학술 논문을 발표하거나 청중의 지지를 구하고자 하는 스피치를 할 때 이런 방법을 사용하는 것은 매우 어리석은 짓이다. 스피치가 아무리 길어도 개요서에 기초한 실행을 하게 되면 내려보고 읽지 않아도 되며 청중과의 상호작용을 포기하지 않아도 된다. 쉽고 안전하다고 해서 읽어나가는 스피치를 하게 되면 이것은 버릇이 되고 결국에는 무능한 연사로 낙인찍히게 된다.

청산유수처럼 막힘없이 말하려 하지 말라_ 스피치 대본을 미리 작성해 두고 표현 하나하나를 외워 두려는 이면에는 '현장에서 표현을 생각해 내려다 보면 자연 더듬거리게 될 것'이라는 염려가 깔려 있다. 모든 표현이 반사적으로 튀어나올 만큼 '달달' 외워두면 막힘도 더듬거림도 없이 청산유수처럼 흘러나올 것이라 생각한다는 것이다. 그러나, 반사적으로 읊어대는 청산유수 식 스피치는 결코 좋은 스피치가 아니다. 연사 자신에게나 청중에게 충분히 생각할 시간을 주면서 천천히 진행하는 스피치가 좋은 스피치이다. 표현이 잘 생각나지 않으면 더듬거릴 수도 있으며, 앞에 나간 표현이 적절치 못하다가 느끼면 다시 표현해도 좋다. 스피치는 화려함을 생명으로 하는 쇼가 아니고 실속을 중요시하는, 커뮤니케이션의 한 형태이다. 따라서, 청중을 너무 지루하거나 답답하게 만들지 않는 한 간간이 말이 막히는 것은 별문제가 되지 않는다.

내 생각을
거침없이 말하는 방법

- 내 생각과 느낌을 보다 자신 있게 표현하고 싶은가?
- 다른 사람들이 내 의견에 귀 기울여 줬으면 싶은가?
- 내 견해를 대담하게 내세우고 싶은가?

요령껏 영리하게 하기만 하면 거침없이 말하는 것은 사람들 사이에서 돋보일 수 있는 최고의 방법이며 그 실력으로 이루고자 하는 일을 일사불란하게 도모해 갈 수 있다.

내 생각을 솔직담백하고 허심탄회하게, 그렇지만 요령 있게 말해보자. 나의 생각을 거침없이 말한다고 해서 펼쳐진 책처럼 내 인생에 대해 미주알고주알 죄다 늘어놓으라는 뜻은 아니다. 선을 넘거나 품위를 떨어뜨리라는 말도 아니다. 기회가 있을 때마다 부정적인 말이나 비난을 퍼부으라는 말도 아니다. 거침없이 말하는 것은 긍정적이고 바람직한 기술이다.

■ 즐겨 말할 수 있는 분야의 레퍼토리 찾기

보통 즐겨 말할 수 있는 분야의 레퍼토리는 관심을, 관심은 열정을 불러온다. 관심과 열정이 있는 분야는 거침없이 말하기가 쉽다.

일단 즐겨 말할 수 있는 분야의 레퍼토리를 발견하면 나의 견해를 말하거나 심지어 즐겨 말할 수 있는 분야의 레퍼토리를 활용하는 일이나 활동을 주도하는 데 자신이 붙는다.

- 나의 관심사(정치, 경제, 사회, 역사, 지리, 음식, 여행, 스포츠, 취미)는?
- 내가 잘하는 분야(전공, 직업)는?

■ 의견(식견, 내가 바라보는 관점) 갖기

자기가 무슨 말 하는지 모르는 사람으로 비치고 싶지는 않을 것이다. 이런 사람의 말에 귀 기울여줄 사람은 없다. 게다가 할 말이 없으면 거침없이 말하기가 매우 어렵다. 주변 사람들 사이에서 뜨거운 쟁점인 사안에 대해 어떤 의견을 가지고 있는지 생각해 본다. 결국 나만이 답을 가지고 있으니 틀릴 리가 없다. 어떤 문제에 대해 정말 아무런 의견이 없다면 그 문제에 대해 자료를 수집하고 생각을 정리해 본다.

■ 사실(Fact)로 의견을 뒷받침하기

주제에 대해 아는 것이 별로 없으면 의견을 갖거나 말하기가 어렵게 느껴진다. 내 의견을 뒷받침할 사실들을 알고 있으면 이런 생각을 떨쳐버리고 내 의견에 보다 자신감을 가질 수 있다.

재미가 경쟁력이다
재밌게 말하는 사람이 성공한다

요즈음은 유튜브가 대세다. 청소년들에게 희망 직업을 물으면 아이돌, 건물주, 유튜버이다. 그중 가장 가능성이 있는 직종이 유튜버이다. 청소년들에게 유망 직종이기도 하지만 유튜브를 통해 많은 정보를 얻기도 하는데 어떤 동영상을 선호할까?

물론 유익한 정보를 찾아 검색하고 시정하지만 결국 재미있는 유튜브 채널을 찾는다는 것이다. 심지어는 동영상이 전혀 유익한 정보가 없어도 재미있으면 본다는 사실이다. 이처럼 재미는 이 시대의 경쟁력이고 성공에 꼭 필요한 요소가 되어 버렸다. 재미가 채널을 고정시키듯 사람의 마음을 사로잡는다.

방송에서 성공하려면 스토리만 가지고 될까? 그렇지 않다. 어떻게 구성해야 재미있게 전달될까를 고민해 봐야 한다. 거기에 진행자의 애드리브가 합쳐질 때 정말로 웃고 즐길 수 있는 콘텐츠가 되는 것이다. 그래서 사건 사연 중심으로 순서를 바꾸어 보는 것도 좋은 생각이다.

"어떻게 하면 재미있게 말할 수 있을까?"라고 묻는다면 "반전을 주거나 기대치를 뒤집어 줘라."라고 말하고 싶다. 폭죽이 터지기 위해서는 도화선이 있어야 하는데, 일상적인 이야기를 전개시키면서 반전을 줄 때 폭죽처럼 빵 웃음이 터지게 된다. 아~ 저런 이야기가 나오겠다 싶은데 그것을 꼬아서 우리들의 예상을 벗어나는 이야기로 웃게 만드는 것이다. 재미있는 이야기를 하는 사람들을 생각해 보면 그들이 말할 때는 항상 예상하지 못하는 이야기가 나오기 때문에 사람들이 웃는 것이다.

너무 진지하거나 뻔한 얘기로는 사람을 끌어들일 수 없다. 따라서 대화할 땐 우선 가벼운 대화 주제를 선택하는 것이 좋다. 너무 무겁고 진지하기보다도 가벼운 얘기, 일상적인 얘기로 관심을 끌어들여라. 일상의 궁금증, 구체적인 공통점, 경제, 스포츠, 취미, 핫한 화제… 일상의 잡담으로 공통 분모를 만들고 공감대를 형성할 수 있다. 누군가와 공감할 수 있는 사람이 자신의 삶을 재미있게 꾸밀 수 있다. 리액션도 공감하기에 좋은 방법이다. 말할 거리가 생각나지 않거들랑 상대의 말의 꼬리를 물고 받아쳐라. 매끄럽지 않아도 된다. 자존심을 내려놓고 솔직하게 감정을 떨쳐놓아라. 형식

없는 수다가 곧 잡담이다. 생각하는 대로 말하라. 일상생활에서의 사건 사고는 좋은 잡담거리다. 잡담이야말로 수다 떨기에 좋은 말의 방식이다. 또한 잡담에 능한 사람이 공감력 높은 사람이다.

김창옥 교수의 강의엔 의미도 있지만 재미가 있다. 김창옥 교수의 강의 내용은 거창하지 않다. 가족 이야기 일상적 이야기를 소재로 하고 있다. 그리고 혼자 말하지 않고 질문함으로 청중을 끌어들이거나 알게 모르게 협업하듯 강의를 풀어간다. 그리고 더 중요한 것은 그 시간을 즐기고 있다는 것이다. 즐기는 자 이겨낼 재간 없는 것을 아실 것이다. 스피치든 일이든 인생이든 참지 마시고 때우지 마시고 즐기시는 것을 잊지 마시길 바란다.

재미있게 말하려면 세 가지 필수품이 필요함을 화술 경영 윤치영 스피치 명인은 말한다.

1. 재미를 주는 인버션(Inversion, 반전, 反轉)**은 있는가?**

기대치를 뒤집는 것이 반전이다. 이 격차가 클수록 웃음 폭발력이 강하다.

2. 현장감을 살리는 질문(Question)**이 있는가?**

질문만으로도 얼마든지 웃길 수 있으며 듣는 이를 주인공으로 만들어야 한다.

3. 감정을 이입하는 제스처(Gesture)가 있는가?

감정이입이 되어야 살아 있는 스피치를 구사할 수 있으며 웃음의 신선도를 유지할 수 있다.

스피치를 시작하기 전 정중한 인사로 박수를 받아내라. 탄탄한 로직(Logic)을 바탕으로, 호쾌한 솔직함과 촉촉한 감성으로 말하라. 그리고 뻔뻔(FunFun)해져라. 그래야 거침없이 말할 수 있게 된다. 다음은 좀 고전적이지만 재밌게 말하기 위해서는 격차 이론과 수사반장과 가위바위보 법칙을 기억해야 한다. 격차 이론이란 말의 흐름(말의 기대치)을 뒤집는 격차만큼 웃음이 폭발한다는 이론이고 수사반장이란 수집하고 사용하고 반응을 읽어서 장점을 살려가는 법칙이며 가위바위보란 상식을 가위로 잘라버리고 고정관념을 바위로 깨며 보자기로 사람을 감싸준다는 법칙이다. 여기서 사람의 신체 부위나 약점을 이용하는 유머는 블랙 유머이며 상대를 존중하는 마음으로 뒤끝이 깨끗한 유머가 좋은 유머랄 수 있다.

재밌게 말한다는 것,
과연 난공불락인가?

재밌게 말한다는 것, 과연 난공불락인가? 그럼 더 어려울지도 모를 재밌게 산다는 것부터 생각해 보자. 어떻게 살아야 행복하게 살 수 있을까?

하고 싶은 일을 하는 것이다. 그런데 그 일이 세상 사람들에게 유익이 되어야 한다. 그래야 돈이 되고 먹고산다. 스피치도 그렇다. 우선 듣는 사람들에게 유익이 되어야 솔깃해진다.

재미는 우선 유익해야 한다. 그래야 재미있다. 사람들은 돈 앞에서는 맥을 못 추고 무릎을 꿇고 만다. 어떻게 하면 스크린골프처럼 돈 되는 스피치를 할 수 있을까?

주일 낮 오후 12:30, 노은동 GNC 스크린골프에서 네 명이 만나 친선경기를 가졌다. 내포에서 대전으로 올라와 중도일보 편집국장으로 소임을 다하고 있는 김덕기 국장을 보면 대전시장에 출마했었던 대전일보 변평섭 국장님이 생각난다. 그만큼 편집국장 자리가 가볍지 않은 자리다! 그런 김덕기 국장과는 호적수다. 한 타 차이로 역전에 역전이 반복

되니 스릴감이 만점이다. 오래전에 "김대중 대통령은 정치 9단, 윤치영 박사는 화술 9단"이란 전면 칼럼을 써서 필자와 세상 사람들을 놀라게 했던 필력이다. 이렇게 함께 할 수 있는 사람, 놀이, 시간, 경제적 여유가 있어 천만다행이다.

골프를 치다 보면 타수에 매달리게 된다. 필자는 요즘 79타 안으로 들어와야 된다는 집착에 빠졌다. 당연히 안 되면 스트레스로 온다. 즐겁자고 하는 운동, 웬 스트레스? 즐겁게 치자. 즐기는 자 이길 수 없다. 집착하지 말고. 힘 빼고, 상대를 즐겁게 해 주자.

골프는 멘탈 경기라기보다는 젠틀 경기라 말하고 싶다.

스피치도 그렇다. 잘해 보겠다고 생각하면 긴장하게 되고 긴장하면 경직된다. 평소대로 하자. 그래야 상황에 유연하게 대처할 수 있게 된다.

스피치도 목표와 목적이 있다. 전달하고자 하는 메시지가 목표이고, 소통하여 공감하게 하는 것이 목적이랄 수 있다.

시간을 때우겠다는 생각이나 기회로 임기응변으로 피해 보겠다는 어처구니없는 생각은 버려야 한다.

스피치는 할 수 있다는 것이야말로 최고의 기회이며 축복이다. 스피치는 전달하고자 하는 확실한 요지를 세워야 한다. 확실한 요지를 졸가리 닿게 논리적으로 풀어가야 한다. 그러려면 전달하고자 하는 요지를 키워드로 압축해 보라. 그러면 그 키워드들이 살아서 그룹핑하기 시작한다. 스스로 구조화, 도식화가 되면 그대로 순서적으로 풀어가면 된다. 여기서 도식화 구조화란 건축으로 얘기하자면 설계도이며 스피치에서는 구성도인 것이다. 일테면 서론, 본론, 결론이 그것이고 때론 주제 선언, 주제에 대한 배경 설명이나 중요성, 그리고 문제 해결 방안을 말하고 마지막으로 결론짓는 것이 말하는 기본적인 포맷인 것이다.

그런데 여기서 중요한 것은 이론적 나열이어서는 안 된다는 것이다. 사람들은 논리적인 것만으로 설득당하지 않기 때문이다. 따라서 소통의 통로가 필요한데 그것이 적당한 사례나 예화다. 그래서 설명하려 하지 말고 스토리텔링 하라는 말이다. 설명하려 하지 말고 연기하듯 묘사하라는 것이다. 그래서 slice of life, self appreciation이 필요하다. 그리고 혼자 열심히 말하지 말고 question으로 같이 생각하고 함께 풀어가라는 말이다.

스피치는 의미도 있어야 하지만 재밌어야 듣는다는 사실을 잊어서는 안 된다. 재미 없으면 안 듣는다. 바로 채널을 돌려버리기 때문에 재밌어야 한다. 재밌어야 관심을 둘 뿐만 아니라 지갑을 연다. 그렇다고 게걸스럽게 개그하듯 말하란 것은 결코 아니다. 그러면 어떻게 재밌게 말할 수 있을까?

재밌게 말하려면 E-Fact를 준비하라. 여기서 E-Fact란

entertainment fact를 말한다. 즉 오락적 요소를 넣으란 말이다. 퀴즈, 박수, 게임, 스포츠 레저 등과 같은 요소를 가미하거나 동영상, 그림, 연극 등을 보여주고 느끼게 해 주는 방법도 있다. 요즘 TV 연예 프로들이 그러하다.

김재동처럼, 김창옥처럼, 유재석처럼, 장경동 목사님처럼 청중을 주인공으로 대우하라. 설명하려고 하지 말고 느끼게 연기하듯 묘사하라. 배려하고 존중하라. 일상적 소재를 이야기하듯 삼삼하게 사건 사연 중심으로, 다음은 이벤트가 있어야 한다. 매일 다람쥐 쳇바퀴 돌듯 반복된다면 무료하고 식상할 것이다. 특별한 날, 행사나 기념일들을 만들어 활력을 넣어 주어야 한다. 그것이 E-Fact다. Entertainment fact를 넣어라. 사건, 사연 중심의 휴먼 스토리가 흥미를 유발할 것이다. 그것도 없다면 생활 속 경험담도 좋을 것이다. 반전을 줄 수 있는 유머러스한 이야기면 더욱더 좋을 것이다. 그것도 안 된다면 뒤집어 말해보자. 충분히 반전 효과를 줄 수 있을 것이다.

유명 인사들이나 연예인들의 사생활을 소재로 삼는 것은 관음증을 자극시키는 방법이다. 목천에 있는 독립기념관 전시장에도 사람들이 가지고 있는 관음증을 자극하는 곳이 있다. 일본 경찰이 우리 독립 투사들을 고문시키는 장면을 찢어진 문틈으로 보도록 해놨다. Self application, 자기적용으로 자신의 사생활을 살짝 엿볼 수 있도록 하는 것도 호기심을 유발하기에 나쁘지 않다. 김창옥 교수를 비롯한 많은 강연가들이 가족 얘기를 일삼는 것이 그 증거다.

212

FunFun 하려면 뻔뻔해져라
재밌는 표현법

한 친구가 공처가의 집에 놀러 갔다. 마침 공처가는 앞치마를 빨고 있던 중이었다. "한심하군! 마누라 앞치마나 빨고 있으니…." 친구가 힐난하자 공처가가 버럭 화를 냈다. "말조심하게, 이 사람아! 내가 어디 마누라 앞치마나 빨 사람으로 보이나? 이건 내 거야, 내 거라고~!"

우선 서론과 설명이 너무 길면 안 된다. 결론을 듣기도 전에 듣는 이가 질려버리기 때문이다. 분명한 목소리로 말하는 것도 중요하다. 상대방이 못 알아들어 중간에 말을 끊고 되묻는다면 김이 새기 마련이다. 또한 자신이 내용을 정확하게 파악하고 있어야 한다. 얘기하다 말고 중간에서 내용이 가물가물하면 안 하느니만 못하다. 웃음을 참는 인내력도 필요하다. 재밌는 표현을 들려주면서 얘기하는 사람이 먼저 웃느라 정신을 못 차리면 듣는 이는 아직 내용도 모른 채 어안이 벙벙해진다.

• **억지로 웃기려고 하지 말 것_** 무조건 상대를 웃겨야만

한다는 중압감으로 저속한 언어를 사용하거나 지나친 모션을 쓰지 않도록 주의해야 한다.

• **상대를 고려해서 사용할 것**_ 듣는 사람의 연령이나 성향에 맞지 않는 재밌는 표현은 분위기를 썰렁하게 할 뿐이다.

• **너무 앞서 가지 말 것**_ "이것은 아주 웃기는 얘긴데, 결론은 이렇게 됩니다. 웃기지 않습니까?"라고 말하는 사람이 이런 식으로 앞서 가면 아무리 우스운 이야기도 실패한 재밌는 표현이 되고 만다.

• **자신이 먼저 웃지 말 것**_ 웃기는 이야기를 해 놓고 연사가 먼저 웃어버리면 상대방은 얼마나 맥이 빠질까?

• **마음의 여유를 가질 것**_ 재밌는 표현은 단순한 말재간만으로 이뤄지는 게 아니다. 말하는 사람의 따뜻한 인간성을 전제로 한 좀 더 세련된 지적 표현이다. 그러므로 옹졸하고 신경질적인 심리 상태에서는 명쾌한 재밌는 표현이 나올 수가 없다.

• **서론과 설명이 너무 길면 안 된다**_ 결론을 듣기도 전에 듣는 이가 질려버리기 때문이다. 분명한 목소리로 말하는 것도 중요하다. 상대방이 못 알아들어 중간에 말을 끊고 되묻는다면 김이 새기 마련이다. 또한 자신이 내용을 정확하게 파악하고 있어야 한다. 얘기하다 말고 중간에서 내용이 가물가물하면 안 하느니만 못하다. 웃음을 참는 인내력도 필요하다. 재밌는 표현을 들려주면서 얘기하는 사람이 먼저 웃느라 정신을 못 차리면 듣는 이는 아직 내용도 모른 채 어안이 벙벙해진다.

재밌는
표현의 원리

● **심리적 격차로 웃음을 만든다_** 트럭으로 온 동네를 누비며 수박을 팔아서 생계를 유지하는 수박 장수가 있었다. 저녁 때가 됐지만 수박은 더 이상 팔리지 않았다. 수박 장수는 장사를 접고 집으로 가고 있었다. 홧김에 신호도 무시하고 과속도 하면서 차를 몰았다. 그런데 뒤에서 빵빵거리는 소리와 함께 사이렌을 울리며 경찰차가 따라오고 있었다. 최고 속도를 내며 경찰차를 따돌리기 위해 안간힘을 쓰는 수박 장수. 포기하지 않고 따라오는 경찰차. 추격전을 벌인 지 20여 분… 결국 수박 장수는 차를 길가에 세웠다. 차에서 내린 경찰관이 수박 장수에게 달려오며 한 마디. "아저씨! 수박 한 덩이만 주세요!!"

우스운 장면이나 재밌는 표현을 보고 듣게 될 때, 기대 결말과 전혀 다른 엉뚱한 실제 결말이 나타날 경우 심리상으로 양자 간의 격차(황당함)가 만들어진다. 그 격차가 크면 클수록 웃음의 폭발력은 커진다. 그러나 그 격차가 거의 없거나 비숫할 경우 웃음을 자아낼 수 없다.

• **사실감**(유얼리티: 유머+리얼리티)**이 클수록 재밌는 표현 폭발력이 크다**_ 아내가 빨래를 널며 말했다. "방 좀 훔쳐요." 난 용기 있게 말했다. "훔치는 건 나쁜 거야!" 그러곤 아내가 던진 빨래 바구니를 피하려다가 걸레를 밟고 미끄러져 엉덩이가 까졌다. 재밌는 표현은 내용의 앞뒤가 자연스럽게 연결되거나, 재밌는 표현의 내용이 실제 사실과 가깝게 개연성을 지닐수록 실감 나는 느낌을 주게 되어 더 큰 웃음이 나온다. 엉뚱한 결말을 자연스럽게 이끌어 낼 수 있는 개연성 있는 연결고리가 있어야 한다. (유얼리티)

• **재밌는 표현의 결말을 우회적으로 표현하라**(유즈닝)_ 어느 날 남편이 저녁이 되어 아내를 그윽하게 바라보며 말했다. "여보~ 오늘은 둘이 위치를 바꿔보는 게 어때?" 그러자 아내는 넘 기쁘고 반가운 표정으로 대답했다. "그래요! 내가 소파에 앉아서 TV를 볼 테니까…." 실제 결말을 우회적으로 표현하여 상대들이 스스로 의미를 깨닫게 하는 것이 직설적으로 표현하는 것보다 더 큰 재미와 웃음을 준다.

• **성적인 소재를 사용하여 상대방으로 하여금 해방감을 느끼게 하라**_ 호텔을 처음 간 신혼부부가 첫날밤을 보내고 체크아웃을 하려고 프런트로 내려갔다. 신랑은 호텔 직원에게 물었다. "사용료가 얼마입니까?" "객실 사용료는 1회 7만 원입니다." 신랑은 그만 입이 딱 벌어져 한참 동안 서 있다가

제정신이 든 듯 지갑을 열며 투덜거렸다. "젠장, 무지막지하게 비싼 방이로군. 여기 있어요. 70만 원…." 해방감이란 성적 욕구, 속마음 등과 같은 인간의 본능과 생존을 억압하는 사회, 도덕적 금기와 두려움이 깨질 때 통쾌해지고 가슴이 뻥 뚫리는 것처럼 시원해지는 감정을 말한다.

• **자기를 낮추고 상대방을 높여줌으로써 상대방에게 우월감을 가지게 하라_** 또 재밌는 표현이 상대에게 우월감이나 해방감을 느끼게 한다면 그 더 큰 웃음을 만들게 된다. 우월감이란 타인이 바보스럽거나 실수하거나 망가지는 것을 볼 때 다른 사람과의 비교와 경쟁에서 이겼다고 느끼게 되는 승리의 감정을 가리킨다. 얼마 전 필자가 제대군인을 대상으로 '제2의 인생'이란 주제로 강의하게 되었는데 "윤치영 스피치 커뮤니케이션 연구소 대표이시고, 인천시 자문위원이시며, KBS, SBS, MBC…." 사회자의 소개가 너무 장황(?)했다. 그래서 필자는 강의에 들어가기에 앞서 "안녕하십니까? 저는 논산 군번 12169691로 입대해 병장으로 제대한 윤치영입니다. 이곳에서 소령, 중령, 대령으로 예편하신 장교님들을 모시고 강의하게 되어 영광입니다. 충성!"이라고 인사하니 웃음이 터져 나왔다. 재밌는 표현은 下下下(하하하)—자신을 낮추고, 好好好(호호호)—좋은 감정을 가지고, 喜喜喜(희희희)—기뻐야 하고, 虛虛虛(허허허)—마음을 비워야 하며, 解解解(해해해)—스트레스를 풀어야 웃을 수 있다.

격차
이론

　옛날에 고집 센 사람 하나와 똑똑한 사람 하나가 있었다. 둘 사이에 다툼이 일어났는데 다툼의 이유인즉슨, 고집 센 사람이 4×7=27이라 주장하고, 똑똑한 사람이 4×7=28이라 주장했기 때문이다. 둘 사이의 다툼이 가당키나 한 얘기인가? 답답한 나머지 똑똑한 사람이 고을 원님께 가자고 말하였고, 그 둘은 원님께 찾아가 시비를 가려 줄 것을 요청하였다. 고을 원님이 한심스러운 표정으로 둘을 쳐다본 뒤 고집 센 사람에게 말하였다.

　"4×7=27이라 말하였느냐?"

　"네, 당연한 사실을 당연하게 말했는데, 글쎄 이놈이 28이라고 우기지 뭡니까?"

　고을 원님은 다음과 같이 말하였다.

　"27이라 답한 놈은 풀어주고, 28이라 답한 놈은 곤장을 열대 쳐라!"

　고집 센 사람은 똑똑한 사람을 놀리며 그 자리를 떠났고 똑똑한 사람은 억울하게 곤장을 맞아야 했다. 곤장을 맞으면서 똑똑한 사람이 원님께 억울하다고 하소연했다. 그러자 원님의 대답은 "4×7=27이라고 말하는 놈이랑 싸운 네놈이 더 어리석은 놈이다. 내 너를 매우 쳐서 지혜를 깨치게 하려 한다."

사람들이 재밌는 표현을 듣고 웃는 이유는 재밌는 표현의 전개상 예상했던 결말(정상적인 결말) 대신 엉뚱하고 황당한 결말이 제시되었을 때, 그 두 결말 간의 격차가 심리적 불안을 유발시키는데, 바로 이 불안정을 해소하기 위한 인체의 반응이 바로 웃음으로 나타난다.

예를 들어 "세상에서 가장 많이 쓰이는 말은 영국말이 3위, 중국말이 2위, 그렇다면 1위는?"의 질문에 대한 답이 "거짓말!"이라고 했을 때의 경우가 해당된다. 다시 말하면 '영국말, 중국말' 식으로 나가서, 그럼 1위는 과연 어느 나라 말일까? 하고 궁금(예상 결말)해할 때 바로 이 예상 결말과 실제 결말 간의 격차가 웃음을 유발한다는 것이다.

수술복을 입은 환자가 병원에서 도망치다가 정문에서 수위와 마주쳤다.

"무슨 일이죠?"

환자가 가쁜 숨을 몰아쉬며 대답한다.

"아! 글쎄, 간호사가 맹장 수술은 간단한 거니까 겁내지 말라는 거예요."

"그럼요, 겁내지 마세요."

"어떻게 겁을 안 내요? 간호사가 의사보고 그러던데."

재밌는 표현의 이야기 구성 방법은 결론을 먼저 이야기하고 원인을 나중에 이야기하는 것이 효과적이다. 여기에서 재밌는 표현의 포인트는 원인이다. 결론을 이야기하는 1단계에서 사람들의 고정관념을 확실히 자리 잡게 할 수 있도록 분위기를 연출하고 상대방이 나름대로의 고정관념에 사로잡혀 누구나 상상할 수 있는 일반적인 원인을 상상하도록 유도를 한 후 그 사람이 생각한 것과 방향이 다른 엉뚱한 원인을 이야기하게 되면 웃음을 유도할 수 있다.

언어의 순서를
역전시켜라

저널리스트 사회에서는 이미 널리 알려진 이야기지만 '개에 대한 이야기'가 퍽 재미있어 소개하고자 한다.

어떤 경우든지 "개가 사람을 물었다." 하면 뉴스에 게재될 성질의 것이 못 되지만 "사람이 개를 물었다." 한다면 자못 귀추가 주목되는 이야기가 아닐 수 없다. 이것은 주어와 목적어의 개념이 역전되어 평범한 화제가 쇼킹한 반향을 불러모은다는 상징적인 말이다.

언어는 이처럼 항시 의외성을 만들 수가 있다. 수평적 사고의 창시자인 에드워드 보노는 신선한 사고의 원동력은 "사물의 관계를 의식적으로 역전시키는 데서 산출된다."라고 말한다. 여기에서 그는 모든 대인관계에서도 언어의 도치를 활용할 것을 주장했다. 우리가 평소 사용하는 상투어도 단어의 순서를 뒤바꾸어 놓으면 보편적인 개념을 탈피하게 된다. 또한 신선한 기분을 갖게 하기 때문에 이야기의 파급과 전달

효과가 아울러 증대된다.

　스피치에 있어서 보편적인 이야기를 강하게 인상 지워 주려면 언어의 순서를 역전시켜 볼 일이다. 언어의 순서는 항상 일정해서 고착된 선입감일 수도 있으므로 고정 개념을 탈피하면 새로운 감동을 얻을 수 있는 신선함을 발휘할 수가 있다.

통통 튀는
사람이 좋다

사람을 만나다 보면 왠지 끌리는 사람이 있다. 탁구공이나 정구공(테니스를 예전에는 정구라 했고 공도 고무로 된 소프트한 공이었다)처럼 탄력성이 있는 공은 바닥에 닿는 순간 통통통 튄다. 사람도 그처럼 튀는 사람이 좋고 왠지 끌린다.

그 이유는 무엇일까? 무슨 말을 하거나 행동을 할 때 즉각적인 반응을 보이는 사람은 통통 튄다는 느낌이고 탄력성이 있어 보여서 젊어 보이고 왠지 끌리게 마련이다. 리액션이 강한 사람이 바로 그런 사람이다. 고집불통이거나 무반응 사람과 대하려면 왠지 부담되고 짜증까지 난다. 상대방을 배려하지 않고 아무 말이나 잘 내뱉는 사람이라면 피하게 된다. 긍정적 적극적인 리액션이 필요하다. 이 탄력성이나 리액션은 잡담이나 수다를 떨 때도 중요하지만 비즈니스나 상담 혹은 영업 등 어디에서든 필요한 필수품인 것이다. '톡톡 튀어야' 산다,

톡톡 튀기 위해서는 파탈(破脫)적 사고와 행동이 필요할 듯하다. 형식과 규정된 틀을 깨고 나와야 달걀부침이 아니라 새 생명 병아리로 태어날 수 있다.

흔히 "숙제처럼 살지 말고 축제처럼 살라."는 말이 있는데 어떻게 사는 것이 축제처럼 사는 방식일까? 이 또한 파탈적인 방식이 필요하지 않을까 한다. 그 방식이 삶의 현장에 보물 딱지 숨겨 놓듯 E-Fact(Entertainment-Fact)를 숨겨 놓으라는 것이다. E-Fact란 오락적 재미(Entertainment)를 삶의 현장에 숨겨 놓으면 살아가면서 톡톡 튀어나오는 재미가 쏠쏠할 테니까 말이다. 대표적 E-Fact란 이벤트를 만들어 놓는 것이다. 생일이나 기념일처럼 특별한 날을 정해 이벤트를 기획해 놓으면 하루하루가 의무감으로 사는 숙제가 아니라 축제처럼 살아가는 것이 될 터이니 말이다.

살아가노라면 때론 문제에 직면하기도 하고 스트레스를 받기도 한다. 살아가는 데 문제가, 스트레스가 없다면 어떨까? 살맛이 날까? 전기가 흐르는 것은 저항이 있기 때문이다. 우리 삶에도 저항이 있어 살아가는 의미를 갖게 되는 것 아닐까? 삶의 현장에 돌발적으로 나타나는 문젯거리들, 스트레스를 받게 하는 많은 것들이 삶의 촉진제이지 않을까? 살아가는 데 아무런 문제도 저항도 없다면 과연 천국일까, 지옥일까? 매일 매일이 최적의 상태라면 자극이 없는 상태일 것이다. 다람쥐 쳇바퀴 돌듯 그날이 그날이라면 무미건조한 시간들 속에 의미를 잃어버릴 것이다.

남해에서 잡은 숭어를 서울로 싱싱하게 운반하는 방법은 그 운반하는 어항에 천적인 메기를 넣는 것이라고 한다. 어쩌면 우리네 삶의 현장에도 천적이 있어야 살아가는 동력을 얻을 수 있는 것이 아닐까 생각한다.

그런 의미에서 중용적 삶의 방식을 제안한다. 중용이란 흑과 백의 중간색인 회색이 아니라 최진석 교수가 주장하는 '삶과 죽음의 경계에 선 삶의 방식'인 것이다. 어쩌면 우리는 순간순간 목숨을 걸고 살아가고 있는지도 모르겠다. 하여 죽음과 삶의 경계에 서서 살아가듯 깨어있는 자세로 긴장된 상태로 살아가는 삶이 멋지지 않을까?

사람들이 열심히 살아가는 이유는 무엇일까? 행복을 얻기 위함이지 않을까? 동의하신다면 그다음 문제에 당면하게 된다. 그렇다면 언제 가장 행복한가?

여러 가지 대답이 나오겠지만 뇌는 원시적이라서 맛있는 음식을 먹을 때라 한다. 그 음식을 아름다운 풍경을 보며 좋아하는 사람과 수다를 떨며 먹을 때라고 한다. 이처럼 수다는 행복을 얻는 도구요. 비즈니스와 일상의 필수품임에 틀림없다. 거기에다가 수다를 떨고 나면 마음이 거뜬하고 홀가분해지는 이유는 마음이 정화되기 때문이라고 한다.

맘먹은 대로 말하는 대로
이루어지는 스피치

말할 거리를 잘 전달하려면 천천히 또박또박 크고 자연스럽게 해야 한다. 그런데 사람 앞에서 긴장하다 보면 빨라진다. 빨리 말하면 듣는 사람이 듣는 것을 포기해 버리고 만다. 천천히 퍼즈(Pause)를 주며 노래하듯 말해보라.

다음은 상황통제력이다. 누군 처음부터 스타였나? 누군 처음부터 프로였나? 스타도 아마추어 시절이 있었던 것처럼 프로도 아마추어 시절이 있었던 것처럼 반복적으로 경험하다 보면 그 상황에 적응하게 되기 마련이다.

말을 잘하려면 식견을 키워라. 식견이란 어떤 사실에 본인의 관점을 가지고 해석하는 능력을 말한다. 식견을 키우려면 모든 사물이나 변화에 대한 관심을 가져야 한다. 관심을 가지면 사랑하게 되고 사랑하면 보이나니 그때 보이는 것은 새롭게 보이기 마련이니, 그때 깨달음을 얻게 된다. 그 깨달음이 화력(말의 힘)을 갖게 한다.

그러니 다독보다 중요한 것은 소리내어 반복해서 읽는 것이다. 그래야 그 문장이 체질화된다. 좋은 문장이나 명언을 소리내어 읽고 필사하라. 그것이 피가 되고 살이 되어 진정한 내 지식과 지혜가 되어 맘먹은 대로 말을 자유자재로 구사할 수 있게 된다.

다음은 부자가 되려면 투자하라는 것이다. 투자하려면 우선 종잣돈을 마련해야 한다. 일해서 번 돈을 꼬박꼬박 적립하라. 쓰고 남은 돈으로는 돈을 모을 수 없다. 종잣돈 모을 때까지는 수전노 소리를 들어야 한다. 그리고 손품 발품 팔아가며 투자할 곳의 정보를 수집하고 분석해서 리스크를 줄이고 효자 노릇할 투자처를 찾아야 한다. 이것이 로버트 기요사키의 파이프라인을 구축하는 방법이다. 그러나 종잣돈만으로는 부족하니 금융지원이 필요하다. 빚을 두려워하지 말고 적당히 빚을 이용할 줄 알아야 한다. 빚도 자산이다. 부자가·되면 돈이 돈 번다. 그때까지가 고비다.

말의 힘은 재력에서도 나온다. 돈이 있는 사람의 말은 힘이 있다. 부인하고 싶은 분도 있겠지만 그게 세상이다. 박수받는 인생은 실력과 도덕성으로 무장되어야 하지만 감사하고 기부하고 봉사하면 추앙받고 박수받는다. 대접받으려고만 하면 사람들이 피한다. 대접하면 사람들이 좋아하고 따른다. 오늘도 밥 사고 술 사는 리더, 입은 닫고 지갑을 여는 어른이 되어라.

말할 거리를
준비하라

    무대 위에서 그리고 나만을 바라보는 관중 앞에서, 떨리는 마음을 부여잡고 무언가를 말하는 것은 죽기만큼 싫은 일이다. 그 이유나 원인은 무엇일까. 말하고자 하는 바를 스스로 분명히 정하지 않은 채 무대 위에 올랐던 점, 누군가 앞에서 큰소리로 천천히 또박또박 말해본 경험이 없었다는 점을 깨닫게 되었다. 윤치영 박사님을 통해 스피치 훈련뿐 아니라 리더십과 삶의 지혜까지 깨닫게 된다. 이 책을 통해 비슷한 경험을 하게 될 것이다.

    내 마음이 가장 큰 폭풍우에 휩쓸렸을 때 'YCY 스피치 교육'의 큰 그늘을 만나 둥지를 틀었다. 윤치영 박사님의 강의와 책은 편히 쉴 수 있는 그늘이 된다. 품격 있는 언어와 필력으로 '나'와 '너'와의 소통은 물론 '세상'과 통할 수 있는 말의 지혜를 주신다. 마흔 번째 책『우람한 나무』, 더 큰 그늘을 만들어 주실 책, 가장 먼저 읽고 싶다.

성형수술 Before와 After의 사진 사이에는 겉으로 드러나지 않은 커다란 고통과 부자연스러운 모습이 숨어 있다. 대중 앞에서 자연스러운 스피치를 하기 위해서도 비슷한 고통과 어색함을 견뎌내야 할 것이다. 윤치영 박사님은 힘없는 새끼 사자를 야생으로부터 지켜내어 어엿한 동물의 왕으로 성장시키는 어미 사자와도 같이, 저마다 가지고 있는 여러 겹의 껍데기를 하나하나 깨고 밖으로 나가는 힘든 길을 편히 갈 수 있게 지켜주고, 끌어준다. 박사님의 이번 '대중 앞에서 부담감 줄이고 논리적으로 말하는 힘을 갖게 하는 40번째 책'은 꿈을 향해 가는 길을 함께할 나만의 든든한 조력자가 될 것이다.

정신없이 앞만 보고 달려오다 '나를 찾아 떠나는 여행'이라는 'YCY 명강사 과정'에 운 좋게 입문했다. 각 과정마다 가슴속에서 묻어 두었던 삶의 이야기를 털어놓으면서 후련함과 자유로움을 느낄 수 있었다. 이 책이 '대중 앞에서 자유롭게 생각을 전할 수 있는 마인드와 스킬을 담고 있다.' 하니 강의 듣는 그 이상의 효과를 경험하리라 믿는다. 가장 먼저 내 아내와 아들에게 선물로 주고 싶다.

"말 한마디로 천 냥 빚을 갚는다."라는 말이 있다. 말의 중요성을 잘 표현한 문장이다. 말을 잘하는 사람보다 잘 말하는 법을 배우기 위해 두드린 윤치영 스피치 'YCY 명강사 과정'에서 그것에 대한 답을 얻었다. "힘 빼고 천천히 평소의 언어로 평소의 생각을 대화하듯 말하라."는 가르침은 발표에 대한 두려움을 극복하게 해주었고, 자기화(自己化)해서 '영혼이 담긴 말'을 할 때 울림이 있다는 법을 배우는 소중한 시간이었다. 남 앞에서 말하려면 두려운 분들은 학습을 통해 얼마든지 극복할 수 있고, 생각한 대로 논리적으로 말하는 Keyword로 말하는 방법을 터득하라.

실없는 수다가
일상의 보약이다

　모 기업에서 그룹사 직원 1,400여 명을 대상으로 스트레스에 대한 설문 조사를 한 결과 실제 생활에서의 스트레스 해소법으로 31.2%가 '수다나 잡담을 포함한 대화'라고 말했다. 또한 직장생활에서 스트레스를 가장 많이 받는 부분은 '인간관계의 갈등'이라는 답변이 41.8%로 가장 많았다. 이렇게 인간관계로 인한 스트레스를 많이 받고 있지만, 그로 인한 스트레스를 적절히 해소하지 못하고 있다. 사람과 사람과의 건강하고 분명한 커뮤니케이션은 직접적이고 가장 분명한 스트레스 해소책이자 건설적인 방향타가 될 수 있다.

　수다든 잡담이든 자기표현이든 언어의 배설이 스트레스를 해소하고 정신적인 건강에 도움이 된다. 말을 하면서 자신을 재발견하게 되고, 말하다 보면 새로운 사실을 깨닫거나 카타르시스로 마음이 정화된다. 많은 행동수정주의 심리학자는 스트레스를 적극적으로 해결할 수 있는 방안의 하나로 '자기

표현 훈련'을 권고하고 있다. 또한 문제 해결의 열쇠로서의 자기표현이 필요하다. 더욱이 말로 자신의 마음속 분노나 비밀스러운 것을 털어놓음으로 나로부터 자유로워질 수 있으며 타인의 시선에 얽매이지 않게 될 수 있으니 대중 앞에서의 공포증을 해결하게 된다.

이처럼 수다와 잡담은 사석에서 대화를 풀어가는 데 중요한 도구도 되지만 발표나 강의 연설 등 공식적인 석상에도 필요한 요소가 된다. 이를 자기적용(sel application)이라 한다. 뿐만 아니라 수다와 잡담은 언어 배설을 통해 마음이 정화되는 일석삼조의 효과가 있다.

흔히 아랫사람이 상사에게 가서 이야기를 꺼내면 처음에는 무슨 이야기일까 하고 듣다가도 "쓸데없는 소리 그만하고 가서 일이나 하게!"라며 발언을 중단시킨다. 그런데 사실은 이러한 잡담 속에 바로 새로운 단서가 들어 있다는 것을 알아야 한다. 육하원칙에 딱 들어맞는 정보란 대체로 한물간 정보인 경우가 많다. 보통 새로운 사실은 불확실성을 내포하게 마련이다. 어떤 현상이든 처음에는 불확실한 상태로 나타나서 시간이 경과함에 따라 확실한 모습을 드러낸다. 따라서 불확실성에 도전한다는 자세로 단서를 찾아내는 사람이 정보화 사회에서 승자가 된다.

미국의 어느 회사에서는 일과 중에 '잡담 시간'을 정했더니 직원들의 사기가 높아졌다고 한다. 가까운 사이의 잡담은 단순한 혀 운동이 아니라 두뇌와 마음의 체조라고 할 수 있다. 평소에는 업무와 관련된 내용만을 가지고 그것도 뒷사람의 눈치를 보아 가면서 대화하게 되니 대화의 내용이 일정한 범위를 벗어날 수 없었으나 '잡담 시간'엔 긴장의 해소를 통하여 새로운 활력을 얻게 된다.

유능한 사람의 주위에는 항상 사람들이 모이는 반면, 매사 반듯한 대화만을 하려는 사람은 대개 과묵하거나, 사교성이 떨어지거나, 유머 감각이 부족한 사람이다. 이런 사람에게는 정보도 모이지 않고 새로운 기회도 다가오지 않는다. 정보는 다른 사람의 사소한 말까지도 경청하는 사람에게 다가온다. 실없는 수다가 일상의 보약이다.

울고 웃고 토설하고…
감정을 표현하라

　우리 속담에 잘못된 말이 있다. "가만있으면 중간은 간다." 라는 말이다. 그래서 사람들은 함부로⁽⁇⁾ 나서지 않는다. 가만히 있으면 중간 정도는 가니까 나서질 않는다. '인싸'가 아니라 '아싸'다. 또 잘못된 말이 있다. "남자들은 입이 무거워야 한다."라는 말이다. 그래서 '쓸데없는 말'을 하지 않고 '꼭 필요한 말'만 하려다 보니 자기감정의 표현에 약하고 '무뚝뚝 남자'들이 양산되었다. 경상도 남자들이 집에 와서 하는 말이 딱 세 마디라고 하지 않는가. '별일 없나?', '밥 묵자.', '자자!'

　그런데 세상에 '쓸데없는 말'이란 없다. 인디언 속담에 "잡초란 말이 없다."라고 했듯이 화술 경영 윤치영 박사는 "세상에 쓸데없는 말은 없다."라고 강조한다. 나도 모르게 쏟아내는 방언 같은 말들, 습관처럼 나오는 신음소리나 외마디조차 소홀히 해서는 안 된다. 의식을 갖고 의도적으로 표현하는 말보다 오히려 더 중요하다. 위급하거나 본능적으로 외치는 말은 신체어이며 본능적인 마음의 표현이기에 더 신중하게 듣고 반응해야 한다. 이 시대는 오히려 수다스러움이 경쟁력이다.

울고 싶으면 울어야 한다. 웃고 싶으면 웃어야 한다. 싫으면 싫다고, 좋으면 좋다고 감정을 표현하자. 그게 자연(自然)스럽게 사는 방식이고, 건강하게 사는 방식이며, 장수하는 삶의 방식이다. 더 나아가 내숭 떨지 않는 소탈하고 호탕한 성격이 사람들의 마음을 살 수 있다. 그래서 이 시대에 필요한 경쟁력을 확보할 수 있게 되는 것이다.

이 책은 일상적인 얘기(Slice of Life)나 본인이 겪은 얘기(Self application), 작고 소박한 얘기(Small is beautiful), 작지만 강한 얘기(small is Power) 등 이야깃거리를 소개하고 있다. 모쪼록 말에 자신이 없는 분들은 이 책을 통해 잡담력을 키워서 세상을 울리고 웃기는 '거침없이 말하는 이'가 되기를 바란다.

말 잘하는
사람들의 방법

오늘만큼 말을 많이 하신 것은 처음 본다. 아무래도 앞에 앉은 남자가 편했나 보다. 아님, view가 좋았던지….

말보다 지갑을 잘 연다는 소문이 있다.

대전에서는 왕언니로 통한다. 하ㅇ희 님은 YCY 소통명사 과정 2기 출신이다.

누구나 말을 잘하고 싶어 한다. 그래서 다들 웬만큼들 하신다. 현대인들이 말을 잘한다는 것은 당연하다. 그래도 맘먹은 대로 말하는 대로 이뤄지기 위해서는 화술 경영 윤치영 박사를 찾는다. 다행스러운 일이다. 윤치영 박사는 스피치를 가르치는 것이 아니라 스피치를 통해 지혜로운 삶의 방식을 일깨워 드리고 있다.

아무튼 그다음 단계는 공감하고 소통할 줄 아는 단계이다. 오늘 한 분이 합석했는데 동행인이 말이 끝나자마자 반복적으로 "그건 아니구~~~"라 하셔서 한 말씀 올렸다. "일단 상대방의 말을 인정하고 그다음에 본인 생각을 말씀하셔도 늦지 않아요. 일테면 '네, 옳으신 말씀입니다. 그런데 저는~'이라 하면 얼마나 좋을까요?" 이를 'YesBut법'이라 한다.

　마지막 단계가 말을 아끼는 단계다. 최고의 리더는 행동으로 말할 줄 알아야 한다. 말이 많으면 배가 산으로 갈 수 있다. 그래서 하ㅇ희 감사님을 좋아한다. 예뻐서이기도 하지만….

식사式辭

각종 모임에서 인사말을 하는 것은 분위기를 조성하고 참석자들에게 감사와 기대감을 전달하는 중요한 역할을 합니다. 상황에 따라 인사말의 톤과 내용이 조금씩 달라질 수 있지만, 공통적으로 환영과 감사의 마음을 전달하는 것이 핵심입니다. 아래에 여러 상황별 인사말 예시를 정리해 보았습니다.

1. 친목 모임 인사말

"안녕하세요, 여러분! 오늘 이렇게 모일 수 있어서 정말 기쁩니다. 바쁜 일상 속에서도 시간을 내어주신 모든 분께 감사드리며, 오늘 이 시간이 여러분에게 즐거운 추억으로 남길 바랍니다. 오랜만에 서로의 안부도 묻고, 편하게 이야기 나누면서 좋은 시간을 보내셨으면 좋겠습니다. 오늘 하루 즐겁게 보내시길 바랍니다. 감사합니다!"

– 포인트: 친근하고 편안한 분위기를 조성하면서, 참석에 대한 감사를 표현하는 것이 중요합니다.

2. 직장/비즈니스 모임 인사말

"바쁜 일정 속에서도 참석해 주신 여러분께 감사의 말씀을 드립니다. 오늘 모임은 우리 모두가 한 단계 더 성장할 수 있는 중요한 기회라고 생각합니다. 함께 협력하고, 서로의 아이디어를 공유하면서 더욱 발전하는 시간이 되었으면 합니다. 여러분의 열정과 노력이 오늘 이 모임을 성공으로 이끌 것입니다. 감사합니다."

- 포인트: 비즈니스 모임에서는 목적과 목표를 강조하며, 참석자들의 노력과 협력을 독려하는 것이 좋습니다.

3. 동창 모임 인사말

"정말 오랜만에 이렇게 반가운 얼굴들을 보게 되어 기쁩니다. 다들 변하지 않고 잘 지내고 계신 것 같아 더 반갑네요. 학창 시절의 추억이 떠오르면서, 오늘 이 시간이 다시 한 번 우리를 하나로 묶어주는 소중한 자리가 될 것 같습니다. 앞으로도 자주 만나고, 서로의 안부를 챙기며 지냈으면 좋겠습니다. 오늘 좋은 시간 되세요!"

- 포인트: 추억과 친근함을 강조하며, 다시 만난 기쁨을 표현하는 것이 중요합니다.

4. 봉사 모임 인사말

"안녕하세요, 오늘도 이 자리에 함께해 주셔서 감사합니다. 우리가 함께하는 이 시간이 누군가에게는 큰 힘이 될 것입니다. 여러분의 따뜻한 마음과 열정이 모여 큰 변화를 만들어낼 수 있다고 믿습니다. 오늘도 서로 도우며 의미 있는 시간을 보내시길 바랍니다. 모두 안전하고 즐거운 하루 보내세요!"

  – 포인트: 봉사의 의미와 참여자들의 헌신을 강조하면서, 서로를 격려하는 메시지를 전달합니다.

5. 가족 모임 인사말

"가족 여러분, 모두 건강하게 잘 지내셨죠? 이렇게 다 같이 모일 수 있어 정말 행복합니다. 바쁘게 살아가면서도 가족이 함께하는 시간은 그 무엇보다 소중한 것 같습니다. 오늘은 우리 모두 편안하게 이야기 나누며 즐거운 시간 보내시길 바랍니다. 앞으로도 이런 자리를 자주 가질 수 있기를 바라며, 모두 건강하고 행복하세요!"

  – 포인트: 가족의 소중함을 강조하며, 따뜻하고 편안한 분위기를 조성하는 것이 중요합니다.

6. 회의/워크숍 인사말

"오늘 바쁜 일정에도 불구하고 참석해 주신 여러분께 감사드립니다. 이번 회의/워크숍은 우리 팀/회사에 매우 중요한 자리인 만큼, 모두가 적극적으로 참여해 주시기를 부탁드립니다. 서로의 아이디어를 자유롭게 나누고, 함께 최선의 결과를 도출할 수 있기를 기대합니다. 좋은 결과를 위해 오늘 하루도 힘차게 시작해 봅시다!"

　－ 포인트: 회의나 워크숍에서는 목표와 중요성을 강조하며, 참석자들의 적극적인 참여를 유도하는 인사말이 필요합니다.

〈추가 팁〉

　－ 감사와 환영: 어떤 모임이든 참석자들에게 감사의 마음을 전하고, 환영하는 인사로 시작하는 것이 좋습니다.

　－ 목적 강조: 모임의 목적을 간단히 상기시키고, 기대하는 바를 명확하게 전달하세요.

　－ 분위기 맞추기: 모임의 성격에 맞는 분위기로 인사말의 톤을 조절하세요. 가벼운 모임이라면 편안하고 유머를 섞어도 좋고, 공식적인 자리라면 조금 더 격식을 갖춘 인사말이 필요합니다.

　－ 마무리: 인사말은 짧고 명확하게 마무리하고, 앞으로의 시간을 기대하는 긍정적인 메시지로 끝내세요.

이러한 인사말을 통해 각종 모임에서 좋은 분위기를 만들고, 참석자들에게 긍정적인 인상을 남길 수 있을 것입니다.

봉사모임
인사말

봉사 모임에서의 인사말은 모임의 의미와 참여자들의 헌신을 강조하면서, 서로의 노력을 격려하는 중요한 역할을 합니다. 아래는 봉사 모임에서 사용할 수 있는 인사말 예시입니다.

1. 감사와 환영의 인사

"안녕하세요, 여러분! 오늘 이 뜻깊은 봉사 활동에 함께해 주셔서 진심으로 감사드립니다. 각자의 바쁜 일정 속에서도 시간을 내어 이 자리에 참석해 주신 여러분께 깊은 감사의 말씀을 드립니다. 여러분의 따뜻한 마음이 모여 오늘 이 자리를 더욱 빛나게 하고 있습니다."

2. 봉사의 의미와 가치 강조

"우리의 작은 손길이 누군가에게는 큰 희망이 될 수 있다는 사실을 기억하면서, 오늘 하루 최선을 다해보면 좋겠습니다. 봉사는 단순히 남을 돕는 것뿐만 아니라, 우리 자신에게도 큰 의미와 보람을 주는 활동입니다. 함께 나누는 이 시간이 우리 모두에게도 소중한 추억이 되었으면 합니다."

3. 참여자들 간의 소통과 협력 강조

"오늘 활동을 통해 서로 도우며 협력하는 가운데, 우리 모두가 더욱 가까워질 수 있기를 바랍니다. 혼자서는 하기 어려운 일도 함께하면 훨씬 수월하고 즐겁게 할 수 있죠. 여러분의 열정과 따뜻한 마음이 모여 큰 힘이 될 것입니다."

4. 활동에 대한 기대와 격려

"오늘 우리가 나누는 작은 정성과 노력이 누군가에게 큰 도움이 될 것이라 확신합니다. 모두가 힘을 합쳐 의미 있는 시간을 만들 수 있기를 기대합니다. 오늘 하루도 안전하게, 그리고 즐겁게 활동하시길 바랍니다. 감사합니다!"

5. 봉사 활동의 지속성 강조

"이번 봉사활동이 일회성으로 그치지 않고, 앞으로도 꾸준히 이어져 더 많은 이들에게 도움이 될 수 있기를 바랍니다. 여러분의 지속적인 참여와 관심이 큰 변화를 만들어냅니다. 앞으로도 함께할 수 있기를 기대하겠습니다."

〈추가 팁〉

- 감사와 존중의 마음을 담아 인사말을 전하세요.

- 봉사의 의미와 가치를 상기시키는 말로 참여자들의 동기부여를 강화
  할 수 있습니다.

- 참여자들 간의 협력과 소통의 중요성을 강조하면, 모임의 분위기가 더
  따뜻해집니다.

- 미래에 대한 기대와 격려로 인사말을 마무리하면, 모임의 긍정적인 에
  너지를 유지할 수 있습니다. 이러한 인사말로 봉사 모임을 활기차고
  따뜻하게 시작해 보세요!

친목모임
인사말

친목 모임에서의 인사말은 분위기를 밝게 하고, 참가자들 간의 소통을 촉진하는 중요한 역할을 합니다. 아래는 친목 모임에서 할 수 있는 인사말 예시입니다.

1. 간단한 환영 인사

"안녕하세요, 여러분! 오늘 이렇게 귀한 시간을 내어 참석해 주셔서 정말 감사합니다. 오랜만에 다 같이 모이니 너무 반갑네요. 이번 모임을 통해 그동안 못 나눈 이야기들도 나누고, 좋은 추억을 많이 만들 수 있기를 바랍니다."

2. 모임의 목적과 기대

"오늘 모임은 우리 모두가 바쁜 일상 속에서 잠시 벗어나 서로의 안부를 묻고, 함께 즐거운 시간을 보내기 위해 마련된 자리입니다. 일상에서 쌓인 스트레스를 풀고, 서로에게 에너지를 나눌 수 있는 시간이 되길 기대합니다."

3. 유머를 곁들인 인사

"오늘 이렇게 모이니 마치 오랜만에 '동창회'에 온 것 같은 느낌이 드네요. 우리 모두 몇 년 전과는 조금 달라진 모습이지만, 여전히 반가운 얼굴들이라 너무 기쁩니다. 이 자리에 함께 있다는 것만으로도 큰 힘이 되는 것 같아요."

4. 미래의 만남을 기대하는 마무리

"오늘 이 자리에서 좋은 시간 보내고, 앞으로도 이런 자리가 자주 이어지길 바랍니다. 모두 즐겁게 지내시고, 앞으로도 자주 얼굴 봤으면 좋겠습니다. 오늘 즐겁고 유익한 시간이 되시길 바랍니다. 감사합니다!"

〈추가 팁〉

- 긍정적이고 밝은 톤으로 인사말을 전달하세요.
- 참가자들에게 감사의 마음을 표현하면 좋습니다.
- 유머나 가벼운 농담을 섞어 분위기를 부드럽게 할 수 있습니다.
- 모임의 의미를 다시 한번 강조하면서, 미래의 만남에 대한 기대감을 나타내는 것도 좋습니다. 이렇게 준비된 인사말로 모임의 시작을 활기차게 열어보세요!

면접이나 인터뷰
최고의 기회

    면접이나 인터뷰는 취업이나 승진 혹은 대입의 관문으로 인생의 갈림길이 될 수 있는 큰 일 중 하나이다. 기업에서는 인재의 채용은 가장 중요한 투자 중의 하나이며, 유능한 인재의 확보는 기업의 생사와 직결된다. 기업 입장에서의 유능한 인재란 서류나 필기시험에서 높은 점수를 획득한 사람이 아니라, 내부의 잠재력과 가능성을 지닌 사람을 말한다. 유능한 인재를 위해서 면접이 중요시되고 있다. 이처럼 중요한 면접은 채용하고자 하는 인재의 자질과 사람됨을 관찰할 수 있고 암기 위주의 지식보다는 잠재력과 의욕을 더욱 중시하고 있다. 그리고 기업의 문화, 분위기, 특성을 조화시킬 수 있는 사람을 분별할 수 있는 것이 면접이기 때문이다. 더구나 오늘날은 매스미디어 시대다. 신문이나 텔레비전뿐만 아니라 채널 방송이나 인터넷 방송 등 우리들은 언제 어디서나 무시로 카메라에 노출되어 있으며 시시때때로 돌발적인 인터뷰에 응하게 된다.

면접이나 인터뷰 혹은 기자회견 등에서의 답변요령은 공통점이 많다. 말솜씨보다 중요한 것은 태도와 진정성이다. 좀 더 진지한 태도로 최선을 다하는 모습을 보여야 한다. 가식적이거나 형식적인 답변은 면접관에게 강하게 어필할 수 없다. 소신껏 명분을 세워 말하는 습관이 중요하다. 외우거나 뻔한 답변으로는 좋은 결과를 기대할 수 없다. 윤치영 박사는 평소의 생각인 소신을 가지고 질문의 의도에 맞는 핵심적인 답변을 키워드로 풀어가는 즉흥 답변과 순발력을 키우는데 중점을 두어 캠코더를 찍어 피드백을 거쳐 자신감을 갖도록 반복 학습시킨다. 면접관이 보기에 찾았던 인재상으로 각인시키는 면접 인터뷰 요령을 알아보자.

  • 결론부터 이야기한다. 처음부터 과정이나 상황을 장황하게 늘어놓게 되다 보면 말하고자 하는 핵심을 놓칠 수 있기 때문이다.
  • 가급적 간결하게 말한다. 그러려면 키워드로 결론을 말하고 그 결론에 대한 구체적인 사례를 들어 설명하는 것이 요령이다.
  • 말끝을 분명히 한다. 어느 사실에 대해 확신이 없거나 자신이 없을 때 말끝을 흐리는 경우가 많은데 말끝을 흐려버리면 더욱더 확신적이지 못하거나 자신감이 없어 보인다. 말끝을 힘주어 명쾌하게 말하는 습관이 무엇보다 중요하다.

• 자신의 언어로 이야기한다. 대개 인터뷰나 면접 시 예상 질문을 고려하고 사람들의 평가 척도, 대화술을 점검하라 (면접에서 당락 요인 중 하나가 언변이다)

한 채용 정보 사이트가 구직자 1천206명에게 "면접에서 떨어진 경험이 있다면 그 이유는 무엇이라고 생각하는가?"라는 질문을 한 결과, 응답자의 29.1%가 "언변이 부족해서"라고 답했다. 그다음은 "업무 경험이 짧거나 없어서"라는 응답이 21.1%를 차지했으며 학벌이 20.1%로 그 뒤를 이었다. 구직자들은 이 밖에 외모(10.9%), 잦은 이직경력(7.2%), 복장이나 태도(3.5%) 등을 면접 불합격 이유로 꼽았다. 성별로 보면 남성의 경우 학벌을 꼽은 응답자가 28.4%로 가장 많았고, 언변부족(27.9%)이 뒤를 이었던 반면 여성은 언변(30.2%), 짧은 업무경험(26.4%), 외모(15.6%) 등의 순으로 응답률이 높았다.

기업 인사 담당자는 면접에서 지원자의 태도나 인성, 가치관, 비전 등을 조리 있는 화술을 통해 평가하게 된다. 면접에서뿐 아니라 우리가 일상을 살아가면서 사람의 평가 기준이 말씨(말하는 방법과 대화술)이다.

대화의 기본적인 룰(rule)이 있다. 그 룰을 지킬 줄 알아야 한다. 좋은 말은 더 기분 좋게, 부담스러운 내용이라도 실망이나 다툼보다 상호 이해에 이를 수 있도록 부드럽게 처리하는 요령이 필요하다. 성의 있고 진실한 자세, 상대에 대한 세

심한 관찰, 긍정과 공감에 초점을 둔 대화 기법이 안정감 있
는 인간관계를 보장한다.

1) **첫마디를 준비하라**_ 대화에도 준비가 필요하다. 첫 만남
을 앞둔 시점이라면 어떤 말로 이야기를 풀어갈지 미리 생각해
둔다. 재치 있는 말이 떠오르지 않을 땐 신문, 잡지를 참고하
거나 그날의 대화 주제와 관련된 옛 경험을 떠올려 본다. 사업
상의 만남이라면 한두 가지라도 상대가 미처 생각하지 못하고
있을 법한 분야에 대한 지식을 쌓아두는 게 큰 도움이 된다.

2) **겸손은 최고의 미덕**_ 남 앞에서 자신의 장점을 자랑하
고 싶은 것은 인지상정이다. 그러나 이러한 욕구를 적정선에
서 제어하지 못하면 만나기 껄끄러운 사람으로 낙인찍히게
된다. 내면적 자신감을 갖고 있는 것과 잘난 척하는 것 사이
에는 큰 차이가 있다. 장점은 남이 인정해 주는 것이지 자신
이 애써 부각시킨다 해서 공식화하는 것이 아니다. 또 너무
완벽해 보이는 사람에겐 거리감이 느껴지게 마련이므로, 오
히려 자신의 단점과 실패담을 앞세우는 것으로 더 많은 지지
자를 얻을 수 있다.

3) **과감히 공개하라**_ 비밀의 공유는 강력한 유대감을 불러
온다, 그러므로 좋은 관계를 유지하고 싶은 상대에게 내면

일부를 솔직히 공개하는 것은 상당한 효력을 발휘한다. 이는 곧 '나는 당신을 나 자신처럼 믿는다.'라는 신뢰의 표현이기 때문이다.

4) **공감하고 긍정하라_** 가장 쉬운 방법은 상대편의 말을 그대로 반복하는 것이다. "요즘 사업 하기 너무 힘들어."라는 말을 들으면 곧 "정말 힘이 드시겠군요." 하고 맞장구를 쳐준다. 사람은 자신의 희로애락에 공감하는 이들에게서 안정감과 친근감을 느낀다.

'긍정의 기술'도 필요하다. "얼굴이 왜 그렇게 안 좋아요?" 하는 것보다는 "요즘 바쁘신가 봐요. 역시 능력 있는 분은 다르군요."라고 말해주는 편이 훨씬 낫다.

"당신도 이렇게 멋있나!" 하는 말보다 "당신 참 멋있어!"라고 담백하게 표현하는 쪽이 더 긍정적이다. 그때그때 적절한 감탄사, 맞장구와 조심스러운 의견 제시는 상대방으로 하여금 당신이 자신의 말을 경청하고 있다는 느낌을 갖게 한다.

5) **'뒷말'을 숨기지 말라_** 별거 아닌 일에도 버릇처럼 중의적인 표현을 사용하는 사람들이 있다. 곧이곧대로 칭찬, 감탄 대신 석연치 않은 뉘앙스를 풍기는 것은 듣는 이를 가장 기분 나쁘게 하는 어법 중 하나다. 특수한 상황이 아니라면 비꼬거나 빈정대는 듯한 표현은 멀리하는 것이 좋다. 산뜻한

칭찬과 비판이 대화의 격을 높인다. 반대로 단정적인 말도 금물, 뜻은 같되 완곡한 표현법을 익힌다.

뽑아서 그 대답을 문장으로 작성하여 연습하다 보면 본인의 의지나 소신은 온데간데없어지고 수식어로 포장된 출처 불명의 말을 늘어놓게 된다. 따라서 질문에 대한 평소의 소신을 확신적으로 표현하고 명분을 세워 결론지으면, 보다 설득력 있는 답변을 할 수 있게 된다.

• 모든 질문에 대해 적극적으로 답한다. 내 관심사나 영역(소임)이 아니라고 '나 모른다'라는 식의 반응이나 태도는 공무원 사회에서 말하는 '복지부동'과 무슨 차이가 있겠는가? 내 영역(소임)이 아니라도 최선을 다하는 모습에서 상대에게 감동을 줄 수 있는 기회가 될 수 있다. 다음으로 간과해서는 안 되는 부분이 면접이나 인터뷰 시의 금기사항이다.

• 지나치게 유창하게 말하려 하지 말 것이다. 유창해야 한다는 강박관념이 인터뷰나 면접을 망치는 경우가 허다하다. 아나운서가 아닌 다음에야 유창할 이유가 없다. 때론 매끄럽지 못하더라도 진정성만 있다면 오히려 더 인간미를 보일 수 있다. 유창하게 완벽하게 해내겠다는 강박관념이 오히려 일을 그르치고 만다. 결코 실수를 두려워하지 말고 성실한 태도로 정성스러운 마음으로 진지하게 임하면 될 것이다.

제3장

폼생폼사
있어빌리티
(있어+ability)

스포츠든 인생이든
폼이 좋으면 다 좋다.
오늘도 폼 나게!

– 윤치영 화술 박사

스포츠는 폼이다. 폼이 잡히면 원하는 스피드도 홈런도 다 된다. 공부할 때도 마찬가지다. 형광펜으로 밑줄 그으면서 폼 잡으며 공부하면 공부도 잘된다. 중요 부분을 밑줄 그으면서 공부하니까 머리에 쏙쏙 잘 들어온다. 그리고 복습할 때도 밑줄 친 부분만 읽으면 되니까 효과적이다.

연애도 마찬가지다. 예쁜 옷 입고 분위기 있는 곳에서 그림 좋게 폼 잡고 프러포즈하면 잘 먹힌다.

노래도 그렇다. 있는 폼 없는 폼 잡아야 감정표현이 잘 된다.

스피치도 그렇다. 무표정한 얼굴로 경직된 몸으로 제스처조차 사용할 줄 모른다면 좋은 스피치를 기대할 수 없게 된다. 물에 술 탄 듯 술에 물 탄 듯해서야 어떻게 사람들에게 감흥을 일으킬 수 있겠는가? 열정을 쏟아부어야 한다. 열정을 쏟아부으려면 온도를 높여야 한다. 폼 나게 표정을 살리고 제스처를 넣어야 익사이팅한 스피치를 할 수 있다.

비즈니스도 그러하다. 인생도 그렇다. "이왕이면 다홍치마"라는 말도 있지 않은가. 보기 좋은 떡이 맛도 있다. 사람도 그렇다. 외모가 그럴듯해야 좋다. 꾀죄죄하게 살지 말자. 기를 살리자. 없어도 있는 척해야 한다. 죽는 소리하면 자신부터 스스로 얕잡아 보고 세상 사람들도 우습게 생각한다. 그래서 더 힘들어진다. 폼생폼사다. 폼을 잡다 보면 힘도 생긴다.

요즈음은 SNS 상에서 좀 더 '있어 보이도록' 만드는 능력을 의미하는 '있어빌리티(있어 + ability)'가 SNS와 생활양식의 핫키워드로 자리 잡았다. 있어빌리티는 우리말의 '있다'와 능력을 뜻하는 영 단어 'ability'를 결합한 신조어다. 있어빌리티는 좋은 차나 명품 가방이 아닌 자신만의 취향, 경험, 재능 등을 매력으로 극대화해 연출하는 게 특징이다. 레스토랑이 아닌 집에서 직접 만든 음식을 예쁘게 차려 놓고 사진을 찍거나, 해외 또는 관광명소가 아닌 매일 다니는 집 골목을 배경으로 콘셉트 사진을 찍는 행위 등이 포함된다.

이처럼 적당한 허세는 치열한 경쟁사회 속에서 남과 비교당하며 낮아지는 자존감을 회복하고, 스스로를 다잡는 계기가 될 수 있다. 영업직처럼 직업상 사람을 자주 만나는 직업군은 낭비하지 않는 선에서 좋은 옷과 패션아이템, 적절한 자기 PR로 약간의 허세를 부려주는 것도 나쁘지 않다. 허세는 팍팍한 삶에 활기를 더해주는 양념일 뿐 그 이상도 이하도 아니다. PR이란 피 터지게 알리는 것이다. 사람들은 본능적으로 좀 더 잘 보이고 싶어 하고, 좀 더 행복하게 살고 싶어 한다. 이것 또한 적당한 과시욕의 발로다. 과시욕이 있어야 더 노력하고 더 힘을 낼 수 있다. 적당한 과시욕은 삶의 동기부여가 된다. 있는 폼 없는 폼 살려보자. 그게 젊게 사는 비결이고 신명 나게 살아 가는 방식이다.

외동딸만 가졌던 어떤 백만장자가 수영장에 거대한 악어를 풀어놓고 그 수영장을 헤엄쳐 건너오는 용기 있는 자에게 딸과 전 재산을 주겠다고 공언했다. 많은 청년이 머뭇거리고 있을 때 어느 청년이 용기 있게 수영장으로 뛰어들더니 사력을 다해 무사히 수영장을 건너왔다. 백만장자가 약속대로 딸과 전 재산을 주겠노라고 선언하려는 순간 그 청년이 건너편에 있는 젊은이들을 향해 "야, 어떤 놈이 내 등을 떠밀었어?" 하고 소리쳤단다. 하하하, 등 떠밀려 악어가 우글거리는 수영장을 건넌 청년처럼 우리도 악어가 우글거리는 이 세상에 태어났다면 사력을 다해 세상을 횡단해 보자. 폼 나게, 엣지 있게….

오늘은 찢어진 청바지에 검정 와이셔츠에 회색 재킷 입고 출근해 보려 한다. 좀 더 엣지 있게 , 좀 더 폼 나게, 좀 더 영하게…. 그게 살아가는 맛 아니겠는가?

폼 잡고
살자

• **이 자연 앞에 폼 나게 살자_** 남자는 여자 앞에 무릎을 꿇고… (그래, 여자 앞에 무릎 꿇지 못한다면 사내가 아니지…) 여자는 돈 앞에 무릎을 꿇고… (그래, 여자가 훨씬 더 현실적이거든…) 돈은 권력 앞에 무릎을 꿇고… (그래, 그러면 안 되는데 현실은 어쩔 수 없다고… 돈 앞에 자유로운 자 있으면 나와 보라고 해…) 권력은 건강 앞에 무릎을 꿇는다. 건강보다 더 중요한 것이 어디 있으랴….

가끔은 한 번쯤
달 밝은 밤에 오솔길을 걸어 보자.
자연의 신비에 감싸이기 위해서….
– 전하경 님의 '가끔은 한 번씩' 중에서

오우, 이 자연의 웅장함… 이 아름다움… 이 오묘함… 자연은 기적이다⋯. 이 자연을 즐기지 못한다면 이보다 더 비극은 없다. 자연이야말로 삶의 활력이며 힐링의 공간이다. 자연은 소유하는 자의 것이 아니라 이용하는 자의 것이다. 화무백일홍 권불십년(花無百日紅 權不十年)⋯. 폼 잡지 마라. 백일도 못 버티는 것이. 그러기에 폼 잡아라. 멋진 인생, 맛깔스러운 삶을 위해⋯.

공부할 때 유독 유난을 떠는 사람들이 있다. 형형색색 형광펜을 들고 밑줄을 그으면서 책을 읽는 사람들이다. 그런데 유난을 떤 만큼 공부도 잘함을 확인할 수 있다. 형광펜으로 주요 내용에 언더라인을 하면 머릿속에 잘 기억될 뿐만 아니라 정리도 잘된다. 그리고 설령 잃어버려서 되찾을 때 찾기도 쉽다. 그렇다. 공부할 때도 이처럼 폼을 잡아야 성과를 높일 수 있다. 스포츠도 그렇다. 폼이 좋아야 운동을 잘하는 선수이다.

골프에서 볼이 잘 안 맞아도 피니시까지 멋지게 휘두르다 보면 "핸디는 페어웨이에 있다."라는 말이 있다. 볼이 잘 안 맞는다고 급하게 스윙하다 보면 어정쩡하게 하는 이상한 폼이 나오게 되고 그러면 그날 골프는 완전히 무너지고 만다. 폼이 좋으면 맞게 되어 있는 게 골프다. 안 맞아도 자신 있게 제 스윙을 하다 보면 어느새 핸디캡 플레이 정도는 하게 된다. 그러니 안 맞아도 폼생폼사다.

폼생폼사는 어디 스포츠뿐이랴. 인간관계도, 일도, 인생도 그림이 좋아야 잘 풀린다. 폼생폼사, 서두르지 말고 기본에 충실하는 것이 품을 잡는 법이다. 인간관계도 그렇다. 적당한 거리, 적당한 매너 등 폼이 좋아야 좋은 관계다. 그리고 그 관계도 오래간다. 걸음을 걸을 때도, 노래를 부를 때도, 일을 할 때도, 말을 할 때도 적당히 여유도 부리고 과시도 할 줄 아는 폼 나는 인생이 되어보자. 폼 나게 일하고 폼 나게 살자. 맛깔스런 삶, 멋진 인생 폼에서 나온다.

나는 애벌레, 감탄하라

· **감탄하라! 호탕하게**(오버하라! 엣지 있게)_ 혼내킬 줄 알았던 아버지나 상사로부터의 위로나 격려는 최고의 보약이 된다. 그것이 호쾌한 리더십이다. 이는 상대의 기를 살려주는 최고의 칭찬법이며 질책하는 방법이기도 하다. 그러나 진정 칭찬하고 동기 부여해 주어야 할 대상은 열심히 살고 있는 자기 자신이다. 자기 자신을 칭찬하는 방법은 작은 일에도 감탄하는 것이다. 감탄사야말로 삶을 아름답게 가꾸어주는 도구다. "와우!~ 윤치영! 자알~ 했어! 역시 윤치영의 강의는 명강의야!" 하고 말이다. 오늘 마음껏 감탄하고 자기 자신을 칭찬하라!

오늘은 완전 오버다. 그래? 오버! 좋아, 좋아. 난, 헤벌레… 애벌레니까….

어떤 사람은 돈벌레로 살고~ 어떤 사람은 일벌레로 살고~ 어떤 사람은 공붓벌레로 살고~ 어떤 사람은 책벌레로 살고~. 나에게 어떻게 살고 싶은지 묻는다면~ 나는 "헤벌레 웃으며 살고 싶다."라고 대답할 것이다. 난, 난, 애벌레인데…
사랑—애!

《진정으로 나를 사랑하는 법》

나 자신이 심심하지 않도록 취미를 만들어 주고 / 친구를 사
귀어서 외롭지 않게 해주고 가끔은 멋진 식당에서 식사하며
나 자신에게 선물을 주고 / 많은 사람과 어울릴 수 있게 해박
한 지식을 쌓도록 책을 읽고 / 아침마다 거울을 보며 "파이
팅!" 외쳐서 하루를 활기차게 만들어 주고 / 신발만은 좋은
걸 신어 좋은 곳에 데려다주게 하고 / 미래에 나 자신이 위험
하지 않게 저축으로 대비하고 / 건강을 유지하도록 하루 30
분 이상 꼭 산책하고 / 부모님께 잘해서 이다음에 후회하지
않도록 하고 / 예쁜 꽃들을 주위에 꽂아두고 향기를 맡을 수
있게 해주고 / 넘어졌을 때 다시 일어날 수 있도록 나를 훈련
시켜 주고 / 속이 힘들지 않게 과음하지 않게 해주고 / 너무
많은 것을 속에 담아두지 않게 가끔은 펑펑 울어주고 / 누군
가에게 섭섭한 일이 있어도 용서해 줌으로써 내 마음을 편
하게 해줘야 한다.

정중동,
동중정靜中動, 動中靜

호수에 한가롭게 떠 있는 백조를 보라. 얼마나 평화롭고 유유자적(悠悠自適)하고 있는가? 그러나 물 위에 떠 있는 백조의 평화로운 모습과는 달리 물속에서 보이지 않는 발은 그렇게 바쁠 수가 없다. 잠시도 쉬지 않고 갈퀴 짓을 하고 있는 것이다. 겉으로는 조용해도 속으로 부지런히 움직이는 것을 '정중동(靜中動)'이라고 한다.

백조가 요란스런 몸짓으로 헤엄치며 호수를 가로지르고 있다면 호수의 백조로서 매력을 상실하고 말 것이다.

사람은 고요함과 움직임을 겸해야 한다. 움직임만 좋아하는 자는 구름 속 우레같이, 바람 앞에 등불같이 안정감이 없다. 고요함만 좋아하는 자는 타버린 재와 같이, 마른나무와 같이 생기가 없다. 모름지기 구름 속 솔개 날듯이, 호수 속 물고기 뛰놀듯이 싱싱한 기상이 살아 있어야 한다.

– <채근담>

호수에 떠 있는 백조는 겉으로는 우아한 듯하지만, 물밑에서는 쉼 없이 발을 젓고 있다. 지혜로운 사람이라면 바쁜 가운데에도 여유가 있어야 하고 한가한 가운데에도 쉼 없이 내 일을 준비하는 지혜가 필요하다.

현대인들은 조급하고 쫓기며 산다. "바쁘다, 시간이 없다."라며 비명을 지르며 시간에 끌려가기도 한다.

그래도 사람들은 어떤 모임이든 자신을 드러내려 안달복달이다. 어떤 좌중에서 말참견에 끼어들지 못하면 꽤나 스트레스를 받는다고 하소연하는 사람들이 많다.

짧은 시간에 자신을 드러내 보이거나 소정의 목적을 관철시켜야 하기 때문에 '빨리빨리 커뮤니케이션'에 빠져 있는 것은 아닐까?

원래부터 빈 깡통이 요란한 것이다. 능력자는 결코 요란하지가 않다. 솜씨 있게 일을 처리하는 유능한 사람은 소리가 없다. 생색을 내는 법도 없다.

말할 계제가 아니라면 굳이 말할 필요가 없는데도 사람들은 말을 하지 않으면 자격지심에 빠져있는 모습이 짐짓 이 시대의 자화상이 아닐는지 생각해 본다.

기본에
충실한 것

• 몰입(Think hard)

한 젊은 화가가 대선배 화가에게 물었다.

"선생님, 저는 단 삼 일이면 그림 한 장을 그려냅니다. 그런데 그 그림이 팔리는 데는 2~3년이 걸립니다. 도대체 어떻게 해야 더 빨리 팔 수 있을까요?"

그러자 대선배가 대답했다

"그까짓 거 별거 아니라네. 그림 한 장을 그리는 데 이삼년 걸려서 그려보게나. 그럼 단 이삼 일 만에 팔릴 걸세. 내 장담하지, 하하."

과학사에서 큰 업적을 남긴 천재들을 살펴보면, 그들의 업적에는 탁월한 지적 재능보다는 주어진 문제를 풀려고 혼신의 노력을 기울인 몰입적 사고가 더 중요한 역할을 했다. 분야와 정도는 다르겠지만, 이는 스포츠건 문학이건 비즈니스

건 마찬가지다. 자신의 일에 몰입하는 정도와 그 절대 시간이 성취를 좌우한다.

무슨 일이든 3년은 정성을 들여야 꽃을 피울 수 있다. 안되는 사람들을 보면 하나 같이 왔다 갔다 하며 명함을 수시로 바꾼다. 에라잇!

한 분야의 최고가 되려면 한곳에 집중하여 공을 들여야 한다. 성공하려면 한 분야의 명사가 되어라.

사람들은 그 기본을 망각하고 돈을 열심히 쫓아다니다 인생을 허비하고 만다. 몸과 마음까지 팔아가며 최선을 다해보지만 소탐대실이요, 임기응변에 불과하다. 돈은 쫓아가면 도망가는 성질이 있다. 무슨 일이든 잘한다는 소문만 나면 돈도 명예도 사회적 지위도 절로 들어온다.

성장의 기쁨

그리스 신화에 나오는 시시포스(Sisyphus)는 제우스를 속인 죄로 아주 혹독한 형벌을 받는다. 몇 톤이나 되는 바윗덩어리를 그의 힘으로 산꼭대기까지 끌어올리면 바윗덩어리는 데굴데굴 굴러서 골짜기까지 떨어져 처음부터 다시 끌어올리지 않으면 안 된다.

시시포스는 이 일을 영원히 되풀이하지 않으면 안 된다. 이 형벌의 가혹성은 아무리 노력해도 성공할 수 없으며 진보의 자취를 확인할 수 없다는 것이다.

해마다 똑같은 일을 타성으로 반복하고 조금도 진보의 자취를 확인할 수 없다면 우리도 시시포스와 큰 차이가 없는 생활을 하고 있는 셈이 된다. 시시포스가 되지 않기 위해서는 조금이라도 진보한 자신을 확인할 일이다. 가령 조금이라도 진보한 자기 자신을 확인할 수 있으면 인생의 예금통장을 바라보는 것과 같은 것이어서 매우 즐거운 법이다.

"어디 한번 해 볼까." 하는 의욕도 생긴다. 그 심정이 내일로 이어진다. 이러한 즐거움을 느낄 수 없다면 그 인생은 절망일 수밖에 없다.

　　　　　　　　　　　　　　　　　　　- 가와키타 요시노리

러시아의 문호 톨스토이는 "연말에 이르러 지난 일 년을 돌아보고 연초의 자기보다도 성장했다고 확인할 수 있는 만큼, 행복함을 느끼는 일은 없다."라고 했다.

　정신없이 하루하루를 보내는 것도 나쁘지는 않지만 혼자서 조용히 자기가 성장하는 자취(성장하지 않는 데 대한 반성도 좋다)를 확인해 보는 게 어떨까? 요즘 사람들은 그러할 시간을 너무나 갖지 않는 것 같다.

생애 최고의
퍼포먼스

• 생애 최고의 퍼포먼스(performance)

학이시습지 불역열호(學而時習之 不亦悅乎). 배우는 것만큼 큰 기쁨이 없는 법이다. 배움은 성장의 기쁨을 누릴 수 있기 때문이다.

배우는 것이야말로 젊고 건강하게 사는 제일 좋은 방법이 기도 하다. 배움을 통한 성장은 살아있음의 가장 확실한 증거이며 존재의 가장 확실한 이유이기도 하다. 배울 때가 생애 최고의 상승곡선을 그릴 때이다. 생애 최고의 퍼포먼스는 배워서 남 줄 때이다.

어렵고 힘든 시기에
우리에게 주는 메시지

전 MBC 구성 작가셨고 현 국악방송 메인 작가로 활동하고 계신 이현옥 님과의 인연은 10여 년이 흘렀다. MBC 대전방송 'Talk & Joy'란 TV 프로에 출연 요청이 와서 50분간 강의를 해 드린 적이 있고, 이 이후에도 라디오 방송에 자주 불러 주신 분이다. 4~5년 전에 윤치영 YCY 스피치에서 1여 년을 수학하시고도 이번 YCY 명강사 과정에 입문하셔서 수학하고 계신데 많은 이들의 귀감이 되고 계시다.

한번은 방송 직전 대기실에서 이런 말씀을 하셨다. "품격(品格)할 때 품(品)은 입 구(口) 자가 3개 모여 된 말이죠. 품격은 바로 말로부터 이뤄진다는 것을 늘 되새기고 하는 말이에요."

그렇다. 그 사람의 말을 들어 보면 품격이 가늠된다. 하여 화술을 가르치는 사람으로서 늘 가슴에 지니는 말이 되었다. '품격 있는 말'을 가르치자고….

이번에 나온 『사람들 앞에서 당당하게 말하기』란 책에 추천사를 써 주셔서 수업에 나오셨기에 사인을 해 드리는데 봉투를 내미셨다. '이걸 받아야 됩니까? 받지 말아야 됩니까?' 망설이고 있으니 '작은 마음을 담았으니 받아 달라'는 것이었다. 하여 정말 마음으로 받아 놓고 아침에 열어보니 기대치의 5배가 들어 있는 것이 아닌가? '앗 뜨거워…' 마음으로도 데일 수 있다는 것을 알았다. 뜨거운 마음이 차가운 현실을 따끈하게 해주는 듯했다.

경제적으로 넉넉하지 못한데도 나누는 것이 몸에 밴 분이다. 장애인을 위해 수변 사람 모르게 주 3회 봉사를 1년 동안 하고 계셨다는 것이다. 앞으로도 그 일을 계속하겠단다. 그야말로 '이현옥 작가야말로 천사표'이다. 그의 배필은 오래 전 기아자동차에서 엔지니어로 근무하다 퇴직하고 평소의 노래 솜씨로 가수로 활동하고 계시다. 그분이 '부부 사랑 전도사'로 알려진 '지중해' 씨다. 지금은 인지도와 인기가 높아져 뵙기 힘든 분이다. 당신은 집안의 장남으로 많은 형제자매들 뒷바라지로 평생을 살아오고 계시다. 지금은 전북 진안에 부모님이 쓰시던 가구나 농기구 등 60년대와 70년대 쓰던 향수 어린 골동품들을 모아놓은 '수항골 박물관'을 정성을 다해 가꾸고 계시다.

'코로나바이러스'로 사회 전반이 가라앉아 있다. 강좌를 개

강했지만 출석률이 저조하다. 사회적 분위기가 아직도 얼어붙어 있다. 혼자 간다고 갈 수 없다는 사실을 인정해야 했다. 새삼 사회적 존재임을 실감한다. 인간이 개인으로서 존재하고 있어도 그 개인이 유일적으로 존재하고 있는 것이 아니라, 끊임없이 타인과의 관계하에 존재하고 있다. 즉, 개인은 사회 없이는 존재할 수 없다는 것이다. 아리스토텔레스(Aristoteles)의 '정치적 동물(zoon politikon)'이라는 말과 같이 인간은 사회의 자식이며, 사회공동체의 형성자로서 포착될 수 있다는 것을 뜻한다. 요즘처럼 사회와 함께 가야 함을 뼈저리게 느낀 적이 없다. 감염병으로 사회적 거리를 유지하는 것이야 어렵지 않지만 경제까지 얼어붙었다. 모두 죽을 맛이다. 모두 어렵고 힘들지만 반면에 귀한 것들을 발견하게 된다. 사람이 귀하고, 관계가 귀하고, 일상의 작은 것 하나하나가 귀하다는 것을…. 하여 작은 것 어느 것이라도 소홀히 하지 말고 진중하게 대해야 한다는 것을 피부로 느끼고 깨닫게 되는 하루하루다.

힘들다고 앙탈 부리지 말고 힘들더라도 소중히 여기며 기다리며 살자. 어렵고 힘든 가운데 우리에게 주는 메시지를 살펴보자. 이 또한 우리의 소중한 하루하루인 것을…. 이 또한 지나가리니.

뒷짐 산책
요법

　뒷짐을 져야 사는 시대가 되었다. 상당수의 병은 등뼈에서 문제가 생겨서 온다. 이것을 알지 못하면 치료해도 별 실효를 거두지 못한다. 그러나 척추 교정을 하고 나면 놀라운 치료를 경험하게 된다.

　또 상당수의 병은 복부비만에서 온다. 비만 문제만 해결해도 질병의 위험에서 벗어나게 될 것이다. 그래서 다이어트를 하기 위해서 전 국민 운동이 벌어지고 있다.

　척추 문제와 비만 문제를 간단히 동시에 해결할 방법은 없을까? 이것을 동시에 해결하는 방법이 바로 뒷짐을 지는 자세이다. 우리 국민은 부지런한 국민이어서 뒷짐 자세를 좋아하지 않았다. 그러나 뒷짐 자세는 귀중한 가슴을 열어 주고 목과 허리를 곧게 하여 척추로 인해서 오는 각종 질병 치료에 좋을 뿐 아니라 뇌의 명령으로 복부비만을 어느 다이어트보다 확실히 처리해 준다.

원리는 간단하다. 뒷짐을 지면 굽은 가슴이 펴지고 척추가 꼿꼿해지게 된다. 그리고 자세가 굽을 때 뇌는 몸의 불안을 느끼고 앞에다 지방을 실어 주었는데 뒷짐 자세로 상황이 반대가 되니 배에 실어놓은 지방을 처리하는 것이다.

우선 뒷짐부터 져보라. 가슴이 시원할 것이다. 시원함은 뒷짐을 지는 순간부터 내 몸이 치료되기 시작하는 증거다. 뒷짐을 지고 다리에 힘주지 않고 가볍게 걸으면 파워 워킹보다 다이어트 효과가 낫다. 다리에 힘주지 않아야 할 이유는 뇌에 내민 배를 인식시키기 위함이다. 매일 30분씩만 걸으면 월중 10킬로그램 감량은 어렵지 않다. 폐장, 위장, 간장, 심장, 비만, 신장, 디스크 등에 생긴 질병도 찾아보기 힘들게 된다. 뒷짐 자세를 습관화하면 곧게 생활하게 된다. 이제 뒷짐은 부덕이 아니라 건강을 지키는 미덕인 것이다.

과거 조선시대 선비들은 하루 종일 방 안에서 정좌하며 글 읽고 쓰기를 반복하면서도 하루 일과 중 꼭 한 가지를 빼놓지 않았다. 하루 세 번을 어김없이 밖으로 나와 뒷짐을 지고 고개를 들고 먼 산천을 향해 깊은 호흡을 하면서 마을을 한 바퀴 천천히 걷는 것이다. 그냥 걸은 것이 아니라 뒷짐을 지고 걸었다. 이는 땅의 기운을 받고 하늘의 기운을 받아 오장육부의 활동을 자유롭게 하고 소화를 촉진시키는 뒷짐 산책 요법이다.

대접받고 싶다면,
먼저 대접하라

  관계란 형평성이 존재하지 않는다. 누군가는 크고 누군가는 작고, 누군가는 가까우며 누군가는 멀다. 나는 가깝게 생각했으나 상대는 그렇지 않은, 상대는 나를 가깝게 생각했으나 나는 그렇지 않은 것, 주고받아야 한다는 논리에 매여 있으면 서운할 수밖에 없다. 이것은 길을 나아가야만 하는 인간의 순리다. 때로는 놓아버려야 할 인연도 있다. 감정을 잡고 있으면 관계가 어렵다.

  우리의 하루는 감사할 일들이 더 많다. 서운한 감정은 받은 것보다 받지 못한 것에 시선을 두기 때문이다. 시선을 아래로 향하면 감사해야 할 중요한 날이 서운함으로 가득 차 버린다. 타인의 대우, 누군가의 말과 태도로 인해 '나'라는 존재적 가치 근간이 흔들리면 안 된다. 우리는 모두 스쳐 가는 인연이다. 내가 선물했다고 돌려받아야 할 이유는 없다. 베풀면 언젠가 다른 통로를 통해 나에게 돌아온다. 내가 서운하게 했던 사람은 없었는가….

　요즘처럼 베풀며 기쁨을 느끼게 되는 적이 드물다. 사랑받고 싶다면, 먼저 사랑하라. 대접받고 싶다면, 먼저 대접하라. 지금의 자리, 위치, 과거의 자리, 위치는 모두 내려놓고. 그저 인간 대 인간으로서의 애정 표현 말이다.

스토리가 스피치다
- 소주 한잔할래?

막걸리 한잔할래? 정말로 막걸리가 먹고 싶단 뜻이니, 막걸리가 안 당기면 거절해도 됩니다.

맥주 한잔 할래? 만나서 가볍게 웃고 떠들자는 이야기이니 그럴 기분 아니면 거절해도 됩니다.

하지만 소주 한잔 할래? 이 말은 좀 다릅니다.

진짜로 소주가 먹고 싶거나 가벼운 기분일 수도 있지만, 그렇지 않을 수도 있습니다. 힘들어서일 겁니다. 외로워서일 겁니다. 소주가 맛있어 먹는 사람이 얼마나 되겠습니까? 이 쓴 소주를 핑계 삼아, 만나고 싶다는 뜻 아니겠습니까? 같이 놀자고 말하는 법을 잊어버린 어른들이라, 그저 같이 소주 한잔 하자는 말로 대신하는 것 아니겠습니까?

너무 멀리 떠나온 우리는 이제 서로의 힘듦과 아픔을 온전히 느끼지 못합니다. 그러나 할 수 있는 건, 소주 한잔 함께 마셔주는 것뿐입니다. 외로운 잔 홀로 비우게 하지 않는 것뿐입니다. 괜찮다고.

일신일신우일신日新日新又日新,
근자열 원자래近者悅 遠者來

해불양수(海不讓水) 다음은 호지자불여낙지자(好之者不如樂之者)이다. 즐기는 자 이겨낼 재간 없다.

막심 고리키는 "일이 즐거우면 인생은 낙원이요, 일이 의무이면 인생은 지옥이다."라 했다.

인간은 모름지기 좋아하는 일을 하고 살아야 한다. 일이 즐거우면 일과 생활이 조화롭게 어우러지지만 일이 즐겁지 않으면 일 따로, 일상생활 따로 이거 정말 힘든 일이다. 일에서 받는 압박감이 얼마나 클 것인가? 끔찍하다.

성공한 사람들의 대부분은 자수성가한 사람들이다. 유산으로 물려받는 부는 3대를 못 간다. 한국은 아니지만….

여러모로 악조건에 있는 그들이지만 그들은 자신의 꿈 하나만을 믿고 그것을 현실로 만들어낸 것이다. 그 원동력은 하는 일을 좋아했고 좋아했기 때문에 그 일을 즐길 수 있었기 때문이다. 좋아하는 것을 해야 아이디어도 팍팍 생기고 삶도 즐겨야 의욕적으로 살 수 있다. 즐기자, 오늘 이 순간을….

돈은 돌아야 돈이고,
사람은 사랑해야 사람이다

관광객으로 살아가는 마을이 있었다. 그런데 코로나로 관광객의 발길이 뚝 끊겼다.

그러던 어느 날, 드디어 여행객 한 사람이 와서 민박집에 방을 잡았고, 10만 원의 숙박료를 지불했다. 민박집 주인은 정육점으로 달려가서 고깃값 10만 원을 갚았다. 정육점 주인은 세탁소로 달려가서 세탁비 10만 원을 갚았다. 세탁소 주인은 맥줏집으로 달려가서 맥주 외상값 10만 원을 갚았다. 맥줏집 주인은 민박집으로 달려가서 숙박비 10만 원을 갚았다.

돈이 순식간에 마을을 한 바퀴 돌아 다시 민박집 주인에게 돌아왔다. 그런데 여행객이 방이 마음에 들지 않는다고 10만 원을 돌려받아 떠나 버렸다. 돈을 번 사람도 없고, 돈을 쓴 사람도 없다. 그러나 마을에는 이제 빚진 사람이 아무도 없다. 돈은 돌아야 돈이고, 사람은 사랑해야 사람이다.

100세 시대가 과연
축복인가, 재앙인가?

준비된 자에게는 축복일 수 있지만 준비하지 못한 자에게는 재앙이 될 수 있다. 스노우폭스의 김승호 회장은 "잘할 수 있는 일보다 돈 되는 일을 하라."고 했다.

메리츠증권의 존 리 대표는 "차를 팔아 불필요한 지출을 줄여야 한다."고 했다.

유대인들은 13세 때 성인식을 해주는데, 친척들이 돈을 모아 종잣돈을 만들어 준다고 한다. 일찍이 경제 개념과 경제적 독립이 필요한데 한국인들은 자녀 과잉보호가 문제다. 이런 점은 배워야 한다고 생각한다.

재테크에는 종잣돈이 필요하다. 더욱 중요한 사실은 주식은 사고파는 것이 아니라 모으는 것이라는 주장에 한 표 던지고 싶다. 존 리 대표와 김승호 회장의 말에 전적으로 동감하며 분산투자의 중요성을 강조하고자 한다.

49 : 51 법칙
스트레스stressed조차
디저트desserts로

나폴레옹은 유럽을 제패한 황제였지만 "내 생애 행복한 날은 6일밖에 없었다."라고 고백했다 합니다. 헬렌 켈러는 "내 생애 행복하지 않은 날은 단 하루도 없었다."라는 고백을 남겼습니다. 마음먹기에 따라 '천국'과 '지옥'이 '오르락' '내리락' 합니다. 이 땅에 태어난 모든 사람들은 '행복'을 누리고 살 권리가 있습니다!

우리는 절대로 '행복'하여야 합니다!

저울에 '행복'을 달면 불행과 행복이 반반이면 저울이 움직이지 않지만 '불행 49%' '행복 51%'이면, 저울이 '행복' 쪽으로 기울게 됩니다. '행복의 조건'엔 이처럼 많은 것이 필요 없습니다.

우리 삶에서 단 '1%'만 더 가지면, 행복한 겁니다! 어느 상품명처럼 2%가 부족하면, 그건 엄청난 기울기입니다. 때로는 나도 모르게 '1%'가 빠져나가 '불행'하다 느낄 때가 있습니다. 더 많은 수치가 기울기 전에, 약간의 좋은 것으로 다시, 얼른 채워 넣어 '행복의 무게'를 무겁게 해 놓곤 합니다. 약간의 좋은 것 '1%'. 우리 삶에서 아무것도 아닌 아주 '소소한 것'일 수도 있습니다.

명상할 때의 평화로움, 따뜻한 햇살, 친구와 사이좋았던 추억, 감미로운 음악, 파란 하늘, 태양, 달, 별, 나무와 꽃들, 그리고 잔잔한 그리움까지.

팽팽한 무게 싸움에서는 아주 '미미한' 무게라도 한쪽으로 기울기 마련입니다.

단, '1%'가 우리를 '행복'하게 또 '불행'하게 합니다! 나는 오늘 그 '1%'를 '행복의 저울' 쪽에 올려 놓았습니다.

'자살'이라는 글자를 반대로 하면 '살자'가 되며 영어의 '스트레스(stressed)'를 반대로 하면 '디저트(desserts)'란 말이 됩니다.

산다는
것

　이 세상에 영원한 것은 없다. 변하거나 죽지 않고 언제까지나 한결같이 존재하는 것은 아무것도 없다. '영원한 삶을 살수 있다면 얼마나 좋을까.' 하고 누구나 한 번쯤은 생각해 보았을 것이다. 죽음이라는 것을 외면하고 싶은 마음에서다. 그러나 창조주는 인간을 비롯한 살아있는 모든 것들을 유한한 존재로 만들었다. 그것은 창조주의 고유한 권한이며 그 권한을 하찮은 인간인 우리가 어찌할 수는 없다. 어쩌면 자신에게 주어진 생명의 마지막 시간까지 사람답게 최선의 삶을 살면 된다. 그것이 창조주에 대한 경외함이며 스스로에 대한 예의이기 때문이다. 자신에게 주어진 시간대로 잘사는 것 그것이 영원한 삶을 사는 아름다운 일일 것이다.

　그립고
　설레고
　아쉬울 것

바로 정이다

바로 사랑이다

바로 함께함이다

그리움, 설렘, 아쉬움

내 인생의 트라이앵글이다

난소암을 극복한 김영란 교수와 함께
파파실 언덕으로

"인생이란 폭풍우가 끝나기를 기다리는 것이 아니라 폭풍우 속에서도 춤추는 법을 배우는 것이다." - 김영란 교수

한국 배우로서 첫 아카데미 연기상 수상자 윤여정 배우처럼 검정 원피스를 입고 홀연히 찾아오신 김영란 교수님!

당신에게는 몸에 배어 있는 기독교적인 사랑과 섬김으로 거부할 수 없는 겸손함이, 시 낭송가로서 신비로운 시적 표현에서 오는 마력과 같은 설득력이, 죽음 앞에서 깨달은 통찰력에서 전해지는 강한 마력이 있습니다.

이 시대에 이 세상을 살아가며 어려움 앞에서 좌절하고 실의에 차 있는 사람들이 얼마나 많은지요.

이들에게 새로운 희망과 용기를 심어주기에 충분하기에 치유의 메시지로 더 널리, 더 깊게 세상의 빛이 되고 희망이 되리라 믿소.

가시는 발걸음마다 아름다운 울림과 감동으로 함께하시길.

284

혼행의
즐거움

　한국건강관리협회에서 종합검진 결과 지방간 판명을 받았다. 하여 지인인 엑스포내과 어호용 원장을 찾아갔더니 3일간 연속 영양제 링거를 맞춰주었다. 저녁에 술자리로 소주 빛깔의 워러(water)주를 마셨다. 물론 기분상 온도 차이는 있겠지만 어울리는 데 큰 불편은 없었다. 그리고 간헐적 다이어트로 체중을 조금씩 감량 중이다. 오늘 아침 체중계에 올라가니 77.9kg이다. 앞으로 조금만 노력하면 목표치인 75kg에 곧 이를 것 같다.

　오늘은 건빵 한 봉지, 삼다수 0.5L 2병 준비해서 수통골로 출발했다. 시내버스 타고 시내 구경하면서 도착해 아주 천천히 도덕봉에 올랐다. 금수봉까지 오르락내리락, 출발 시 약간 쓸쓸한 것 빼고는 다 좋다. 호젓한 게 그만이다. 혼행의 즐거움이 스물스물거린다.

　머리 비우기, 생각 비우기, 마음 비우기, 몸 비우기, 욕심

비우기….

필자하고 희로애락을 같이하던 동료가 세상을 떠났으니 난
덤으로 사는 셈이다.

무엇을 욕심낼까.
그렁저렁 두런두런 살면 되는 게지.
이만하면 족하지 아니한가.

급히 서둘 일이 어디 있겠는가?
힘들면 쉬엄쉬엄 가면 되는 게지.

뭐 땜시 집착할까?
하다 안 되면 내려놓으면 되는 게지.

빈손으로 왔다 빈손으로 가는 인생
어차피 모두 내 것도 아닌 것을.

미련도 아쉬움도 두지 말자.

생일을 세 번
축하받은 이유

최근 SNS에 좋은 글이 있어 인용해 드렸었는데 글 제목이 "오늘이 제 생일이거든요"였습니다. 내용인즉 선심을 쓰면서 기분 내며 하던 말이었습니다. "손님 잔돈 받아 가셔야죠?", "아닙니다. 오늘이 제 생일이거든요. 기분이니까 받아주세요."라는 내용이었는데 제목만 보고 페북과 페친들로부터 수많은 축하 메시지를 비롯해 가까운 지인이 보낸 카톡으로 스타벅스 커피와 케이크 선물 세트, 꽃바구니 등 선물까지 받다 보니 황당하기 그지없었습니다.

조금 지나 밴드에 2월2일 생일이 올라왔더군요. 호적에 올라간 날짜였는데 밴드에 흔히 노출시켜 축하를 받는 분위기였기에 그냥 지나칠까 했는데 역시 그날도 얼떨결에 수많은 축하 메시지와 떡 케이크까지 받았습니다. 실제 생일은 음력으로 1월 3일이거든요.

1월 3일 하면 설 연휴 기간입니다. 그래서 소리 소문 없이 넘어가려 했건만 매년 생일을 잊지 않고 챙겨주는 이가 연휴가 끝나는 날 초대해 저녁을 융숭하게 대접해 주었습니다. 매년 잊지 않고 챙겨주는 그 마음씨가 예쁘고 감사해서 어찌할 바를 모르겠습니다.

지금으로부터 10여 년 전 윤치영 YCY 대전 면접 스피치 교육원 프로그램인 리더십 스피치 과정에 입문해 수학을 받던 중 "교수님, 저는 스피치가 왜 이렇게 안 되죠?"라면서 엉엉 울었던 여성회원이 있었는데 대화를 나누다 보니 '학력 콤플렉스'가 있었습니다.

하여 "무슨 일을 하기에 늦는 때는 없으니 지금이라도 공부를 시작하세요."라며 격려해 주었더니 바로 한국방송통신대학 청소년교육학과에 입학해 우수한⁽?⁾ 성적으로 졸업을 했습니다. 다니면서 학과 회장을 맡아 씩씩하게 활동하면서 MT 때도 잊지 않고 필자를 초청해 강의를 하게 해 주었고, 졸업식 때도 내빈으로 초청해 축사를 하게 해 주었습니다.

그때 축사 중에 "한국방송통신대학은 교수가 학생 같고 학생이 교수 같은 분위기라서 사제간에 정이 두터운 것 같습니다."라고 덕담해서 한바탕 웃었던 일이 생각납니다.

지금은 자신감이 충천해 있는 장본인은 초심, 진심, 충심, 애심, 열심 등 다섯 가지 마음을 갖고 있는 황오심이란 여성입니다. 지금은 가끔 스승까지 이기려고 하는 경향이 있지만 이 또한 자랑스럽고 예쁜 모습입니다.

사는 곳에서 가장
필요로 하는 미덕은 정직이다

한 우산 회사에서 제작 과정 중 실수로 우산에 결함이 생기게 되었다. 하는 수 없이 회사는 이것을 바겐세일로 처분하기로 했으나 도무지 팔리지 않았다.

그러나 모 광고회사가 이를 인수해서 판매를 시작했는데 우산은 날개 돋친 듯 삽시간에 팔렸다. 과연 그 이유가 무엇이었을까?

그 광고 회사는 이 상품을 팔기 위해 다음과 같은 광고문을 신문에 게재했다. "흠이 있는 우산을 싼값에 팝니다. 하지만 사용하기에는 불편이 없습니다."

사실을 있는 그대로 밝혔던 것이다. 고객을 구름 떼처럼 몰리게 한 힘은 바로 '정직'이라는 무기이다. 정직을 포기한 성공은 없는 거죠. 자고 일어나니 세상이 바뀌었다.

영국 속담에 이런 말이 있다.

"하루 동안 행복하려면 이발을 하고, 일주일 동안 행복하려면 결혼을 하고, 한 달 동안 행복하려면 말을 사고, 한 해를 행복하게 지내려면 새 집을 짓고, 평생을 행복하게 지내려면 정직해야 한다."

정직이란 다른 사람뿐 아니라 자기 자신에게도 솔직한 것, 즉 자신과 다른 사람을 속이지 않는 것을 말한다. 우리가 사는 곳에서 가장 필요로 하는 미덕은 정직이다. 상대방의 말을 믿지 못하고, 약속을 지키지 않으며, 자기가 한 말을 부인하는 풍토가 형성되면, 인간관계는 그 시점부터 불신의 끈으로 묶이게 된다.

만남도 인생도
끝이 좋아야 한다 (1)

    과거와는 달라진 환경으로 노후를 준비하지 않으면 안 되
는 시대가 도래했다. **5저**(低) **3고**(高) **시대**라고 한다. 저성장
기조가 고착화되고 **저금리** 기조는 상당 기간 지속될 것이다.
저물가 시대에 자산가치는 하락하고 있다. **저 고용률**에 고용
의 질은 하락하고 있다.

    50대 이후의 우리들이 세대의 빠른 흐름에 적응을 못 하는
이유는 무엇일까? 음악이 바뀌면 댄스도 바뀌어야 하는 것이
당연하다. 그런데 우리는 과거 음악에 맞추어 동작하고 있
다. 패러다임이 바뀌면 나의 성향과 전략도 바뀌어야 하는데
과거 성향과 그동안 써왔던 전략을 수정하지 못하고 있다.
지금은 승마, 요트 시대인데 과거에 즐기던 화투 놀이를 그
대로 하고 있는 것은 아닌지 되돌아보아야 한다.

    한국인이 노후, 은퇴하면 떠올리는 단어는 무엇일까? 경제
적 어려움, 두려움, 외로움 등 부정적인 것이 많다. 이에 반
해 세계인들은 자유, 만족, 행복 등 긍정적인 단어가 상대적

으로 많다. 은퇴라는 말은 re-tire인데 글자 그대로 보면 타이어를 새것으로 바꾼 것이다. 새로운 출발을 위해서 물러나 숨어서는 안 된다. 물러나서 반짝이는 존재가 되기 위해 그만치 준비가 필요한 것이리라.

행복한 노후 준비를 위한 5개의 기둥(5F)_ **이른바 돈**(재정 Finance), **건강**(Fitness), **일**(직장 Field), **친구**(Friends), **재미**(Fun)다. 집의 기둥 5개 중에서 하나가 무너진다면 어떻게 될까? 이 다섯 가지를 잘 지키면 금수강산이 되지만 그렇지 않으면 적막강산이 된다고 전해준다. 물론 노후 준비가 잘된 사람은 행복한 노후가 될 것이다.

준비된 노후는 설렘이라고 한다. 죽을 때 후회하지 않는 삶을 살아야 한다. 친구를 챙길걸, 일 좀 덜할걸, 도전하며 살걸, 내 뜻대로 살 걸, 내 감정에 더 솔직할 걸 등이 죽을 때 가장 후회하는 다섯 가지라고 한다.

노후를 즐기는 '**5자**'가 인상적으로 남는다. '**놀자, 쓰자, 주자**(베풀자), **웃자, 걷자**'. 지금 나는 삶을 즐기고 있는가? 타인을 위해 지갑은 열고 있는가? 건강관리는 제대로 하고 있는가? 스스로에게 던지는 질문이다.

정년 이후에도 변함없이 자기 계발이나 레저스포츠를 즐기는 일, 사회봉사나 재능기부를 하거나 하고 있는 일의 브랜드를 더 강화하거나 새 직업으로 바꿔야 한다. 그러려면 솔개가 자기 부리로 발톱과 깃털을 뽑아 버리고 새 깃털과 발톱으로 무장 후 창공을 높이 날아오르듯 더 건강하게 더 행복하게 인생을 향유하자.

만남도 인생도
끝이 좋아야 한다 (2)

　누구나 나이를 먹는다. 깜짝하는 사이에 정년을 맞는다. 60세에 정년퇴직을 한다고 가정하고 우리나라 평균수명인 80세까지만 산다고 해도 정년 후의 인생은 20년이다. 하루 여유 시간을 최소 11시간으로 잡으면 퇴직 후 20년 후의 여유 시간은 약 80,000시간! 현재 우리나라 직장인들의 연평균 근로 시간이 2,261시간이므로 정년 후 80,000시간은 현역 36년 동안 일하는 시간과 맞먹는다. 이렇게 긴 인생 후반기를 어떻게 살아갈 것인가?

　노년이 되면 꼭 버려야 할 것 중의 하나! "내가 왕년에 말이야…." 함께 모여 얘기하는 자리에서도 "내가 왕년에~"란 말은 환영받지 못하기 마련! 일단 이 말이 먼저 나오면 그 후에 들리는 얘기는 그저 흘려들었던 경험은 누구나 있지 않을까?

　이제는 나도 "왕년에~"를 버리고 "내가 지금 말이야~"를 외쳐야 할 때! 과거를 추억할 수 있지만 과거로 돌아갈 순 없는 일! 과거에 매이지 않고 새로운 나의 인생을 찾아 행복한 노년을 보내는 어르신들의 이야기! "내가 지금 말이야~!"

노후 설계에서 가장 중요한 것이 '네 가지의 균형'이라고 말한다. 이는 19세기 폴란드 시인 노르비트가 말한 행복을 위한 조건과 같은 것이다. **첫째, 먹고살 것. 둘째, 삶의 의미를 주는 것. 셋째, 목숨을 바칠 정도로 재밌는 것을 가져야 한다는 것이다.**

그리고 마지막으로 건강이다. 건강을 잃으면 모두가 허망한 것이다. 따라서 건강할 때 건강을 지켜야 하고 건강하기 위해서 한 번쯤 습관과 체질을 바꿀 필요가 있다. 그래서 필자는 지금 다이어트 중이다. 무언들 맛이 없겠는가? 없어서 못 먹는 식성으로 타고났다. 그 식성 때문에 30여 년간 외길로 오전 6시부터 밤 12시까지 움직여도 버티어 온 나다. 그러던 내가 삼시세끼 습관처럼 먹던 음식을 끊었다. 그동안 얼마나 질리게 먹었던지 하루 이틀은 오히려 속이 편안하고 정신조차 초롱초롱했다. 그런데 오늘 저녁 정기모임조차 피했음에도 불구하고 오후 7시에 접어들자 식욕이 발동했다. 음, 댕긴다. 결국 참지 못하고 폭식하고 말았다. 눈요기로 마음껏 먹었다.

인간은 얼마나 기본적 욕구(식욕, 성욕, 수면욕, 명예욕, 소유욕, 과시욕, 성취욕)에 얽매여 있는지 새삼 놀라지 않을 수 없다. 욕구를 다스릴 수 있는 절제력을 가져야 한다. 그래야 내가 나를 스스로 컨트롤할 수 있지 않겠는가? 내가 나를 다스릴 줄 알아야 한다. 습관처럼 하던 일들이 이롭지 못하다면 조정하고 조율해야 한다. 그래야 백세시대에 건강하게 행복을 누릴 수 있다.

체질 개선과 습관을 바꾸기 위한 이번 다이어트를 계기로 꼭 필요한 것만 하자. 조금은 절제된 몸가짐으로 더 넓게 더 깊게 세상을 향유하자. 솔개처럼 녹슨 깃털과 발톱을 다 뽑아 버리고 새 깃털과 새 발톱과 새 부리로 무장하여야 더 왕성한 활동을 할 수 있도록 건강한 몸을 만들자.

여기
얼맙니까?

어느 식당에서 식사를 하는데 불러도 대답 없는 차에 앞에 앉은 동료가 요령을 알려주는 것이 아닌가? "여기 얼맙니까?"라고 조용히 불러보라는 것이다.

반신반의하며 "여기 얼맙니까?"라고 나직이 말했는데 득달같이 달려오는 것이 아닌가? 계산서까지 뽑아서 "네, 7만 3천 원입니다."라면서….

잘되는 식당이나 고급 식당일수록 손님이 요구하기 전에 미리 미리 챙겨주는데, 서비스 마인드가 부족한 식당은 서너 번 불러야 알아듣는다. 환장할 일이다.

식당을 수십 년간 운영한 분이 식당 성공한 노하우를 알려주는데 충분히 공감이 갔다.

"저는 십수 년 여러 개의 식당을 운영해 보았는데 하는 식당마다 문전성시를 이뤘습니다. 그 비결은 '퍼주자' 주의였습니다. 손님이 한 번 들어오면 다섯 번을 찾아가서 리필을 해주었습니다. 그래서 테이블마다 벨을 설치했습니다. 저 벨이 울리기 전에 찾아가 필요한 것을 채워주는 방식을 택했습니다. 서빙하는 종업원들에게 테이블을 할당시켰습니다. 자기 구역의 테이블에서 벨이 울리지 않으면 특별보너스를 주는 이벤트를 걸었습니다. 식수, 밑반찬, 휴지 등이 떨어지는가 싶으면 미리 채워주기 바빴습니다. 그러면 바로 입소문이 나더군요. '친절하고 인심 좋은 식당'이라고."

사실 코로나19에도 불구하고 잘되는 식당은 여전히 문전성시다. 왜일까?

잘 살펴보면 그만한 이유가 있다. 우선 수저부터 다르다. 수저통에 수저를 담아 놓은 것이 아니라 위생 봉투로 젓가락과 수저를 담아 놓았고, 테이블도 거리두기로 한 칸을 비워 두어 손님을 받고 있고, 반찬도 일인 일식으로 따로 담아 제공하고 있어 위생과 방역에 안심을 주기에 충분했다. 물론 맛은 모방할 수 없는 독특한 진미를 자랑했다. 또 하나 확실한 것은 같은 맛을 내는 매뉴얼과 서비스 시스템이 일사불란(一絲不亂)했다.

적당히 돈이나 벌어보겠다는 사람들을 장사치라 부르고 싶다. 그들은 잘될 수가 없다. 명확한 철학이 없는 이들은 망하면 이런저런 이유를 붙여 댄다. 해야 할 기본적인 일은 하지 않고 손님이 오지 않는다고 불평한다. 다 제 탓인데 남 탓하기 바쁘다. 식당이면 맛이 있어야 하는 맛이 없는 줄도 모르고, 위생 상태는 엉망이라 더러워서 손님의 불편한 줄도 모르고, 장인정신이나 서비스 정신을 찾아볼 수 없다. 문만 열면 찾아올 거라고 생각은 큰 착각이다.

장사가 안 되는 이유를 찾으라고 하면, 상권 탓을 하거나, 불경기라 그렇다는 통제할 수 없는 변수에서 이유를 찾기만 하고, 막연히 잘되겠지 대책 없는 요행을 바라고 있다.

장사꾼은 다르다. 자기가 평생을 지고 가야 하는 천직으로 장사를 바라보고 그 일에 자기 인생을 건다. 이런 마음이라면 어떤 장사를 해도 성공한다, 아니 성공할 때까지 붙들고 놓지 않는다.

대한민국처럼 식당이 많은 나라도 드물 것이다. 골목마다 각종 식당들로 꽉 차 있다. 골목마다 먹거리 천국인 나라는 세계 어디에도 없다. 대한민국은 천국이다. 각가지 음식을 차려놓고 기다리고 있는 식당이 즐비하다. 이렇게 많은 식당들이 다 잘될까? 열 개를 창업하면 6개월 만에 간판을 내리는 식당이 일곱 개, 현상 유지하는 식당이 두 개, 자리를 잡는 식당이 한 개 정도라고 하니 할 일 없을 때 식당이나 하겠다는 발상은 위험천만한 일이다.

어디 식당뿐이겠는가? 모든 사업이 다 그렇다. 어떤 일이든 소명 의식을 가지고 전문적 지식과 기술을 바탕으로 고객 중심적 마인드를 가지고 철저한 꾼이 되어야 한다. 꾼이란 그 분야의 전문가가 되어야 한다는 말이다. 적당히 해서는 안 된다. 세상이 그렇게 호락호락하지 않다.

백세시대에 퇴직 이후 이어 갈 삶이 답답할 때 떠올리는 대안으로 '장사를 한번 해 볼까?'라고 생각하는 이가 의외로 많다. 이 장사라는 것이 생각보다 어려워서 다른 일 하다가 안 되면 이거라도 한번 해 보지 하는 대체재가 될 수 없는데, 사람들이 장사나 식당업을 너무 쉽게 보는 경향이 있다.

무슨 일을 하기 전에 묻고 싶은 것이 있다. 흔쾌히 답을 할 수 있다면 해도 좋지만 그렇지 않다면 하고자 하는 명분부터 찾아봐라. "그 일을 잘할 수 있는가? 그리고 그 일이 진정 좋아하는 일인가? 그리고 그 일이 다른 이에게 유익을 줄 수 있는가?"란 질문에 흔쾌하게 "YES"란 답이 나오면 한 번 더 생각해 보자.

'치'가 되지 말고 '꾼'이 되어야 한다면 다음 질문에 자신 있게 답할 수 있어야 한다.

1. 어떤 사명감과 소명 의식을 가지고 있는가?
2. 고객 중심적 마인드로 준비하고 실행할 수 있는가?
3. 장인정신으로 즐겁게 일할 수 있는가?

'대박 나는 인생'을 위한
지혜로운 처세술 - '관점 전환 능력'

　진수성찬이 차려진 큰 원탁에 사람들이 둘러앉아 있는데 과연 이들은 음식을 어떻게 먹을까? 그 차이가 '천국'과 '지옥'으로 갈라놓는다는 예화가 있다.

　긴 젓가락으로 음식을 자기 입에 갖다 넣으려고 하는 곳은 지옥과 같이 아수라장이 되어 버릴 것이요. 긴 젓가락으로 앞에 있는 사람의 입에 음식을 넣어 준다면 그곳이야말로 아름다운 천국이 될 것이다.

　교육심리학에서 나오는 관점 전환 능력(Perspective Taking Ability) 관련 실험 하나를 얘기해 보자. 예쁘게 생긴 초콜릿 상자에 연필을 넣어 두고 아이를 불러 물어본다.

　"이 안에 뭐가 들어 있을까?" 아이는 주저 없이 '초콜릿'이라고 대답할 것이다. 상자 뚜껑을 열었더니 초콜릿은 없고 연필만 들어 있음을 보여준다. 그리고 상자를 다시 닫고 물어본다. "저기 창밖에서 놀고 있는 저 애 보고 이 상자 안에 뭐가 있냐고 물어보면 쟤가 뭐라고 답할까?" 성인들이라면 당연히

'초콜릿'이라고 대답하겠지만 아이들은 그렇게 대답하는 게 쉬운 일이 아니다. 내 관점과 타인의 관점을 분리할 줄 모르기 때문이다. 내가 초콜릿 상자 안을 봐서 알고 있으니까 다른 사람도 당연히 알 것으로 생각한다. 말하자면 상대 관점에서 보지 못하고 내 관점으로만 상황을 이해하는 것이다.

사람은 만 4세가 지나야 상대 관점에 대해 이해할 수 있는 관점 전환 능력이 생긴다고 한다. 그런데 그 능력이 나이를 먹거나 자기 주관이 강해지게 되면 오히려 퇴행하기도 한다. 우리가 나이 들면서 조그만 일에도 삐치고 노여워하는 건 이런 관점 전환 능력이 퇴행하기 때문 아닐까? 또 자기 주관이 강해서 상대 관점에 대한 관심도 줄어들고 상대 관점에서 생각해 보는 것도 서툴게 된다. 오랜 기간 갑질만 하던 친구가 어떻게 을의 입장을 이해할 수 있겠는가? 경영주가 어찌 미생 알바생이나 비정규직의 관점을 이해할 수 있을까? 또 반대로 일용직 근무자가 경영자의 전략적 사고를 어떻게 이해할 수 있단 말인가?

모두 어려운 게 현실이다. 상대 관점에 대해 억지로 등 돌리는 건 특히 정치인의 전유물인 듯하다. 우리 사회에서 대치하고 있는 좌와 우, 지역, 세대, 빈부 집단들의 행태를 보면 마치 어린아이 수준처럼 보인다. 우리는 누군가와 어울리는 사회생활을 하고 있기 때문에 상대 관점에서 생각해 보는 것은 매우 중요하다.

세상 사람들은 세상으로부터 혹은 세상 사람들로부터 재미와 유익을 취하려고만 한다. 그래서 틀어지고 깨지고 상처를 입어 가며 아웅다웅 살아간다. 관점을 바꿔서 내가 세상 사람들에게 유익과 재미를 주려 한다면 일이 순조롭게 풀릴 뿐만 아니라 대박이 나게 된다. 인간관계에서도, 비즈니스에서도, 어떤 사업에서도 성공하는 비결이 된다. 왜냐하면 세상 사람들의 기대치를 만족시킬 수 있을 뿐만 아니라 감동을 줄 수 있기 때문이다.

일찍이 '케네디'가 말했던 "국가가 나를 위해 무엇을 해줄지 바라지 말고, 내가 국가를 위해 뭘 할지 생각하라"는 말도 같은 맥락이다. 그래서 배재대학교 정문에는 "성공하려면 남을 섬겨라."라는 문구가, 관동대학교 정문에는 "배워서 남 주자."라고 쓰여 있다. '가장 이타적인 것이 가장 이기적인 것'임을 깨닫는 '신통(神通)'의 경지에 이르면 '인통(人通)'할 것이요, '인통(人通)'할 수 있다면 '물통(物通)' 또한 어렵지 않을 것이다.

관점을 '나'에서 '너'에게도 돌려 보자. 그렇게 된다면 '만사형통(萬事亨通)'뿐 아니라 '운수대통(運數大通)'할 것이기에 필자는 이번에 『긍정화법』이라는 책을 쓰고 있는데 책의 요지는 '상대 입장에서 긍정적으로 바라보고 행동할 수 있다면 그야말로 천국과 같은 세상을 만드는 최고의 지혜로운 방법'이란 내용이다. 상대 입장에서 긍정적으로 말하고 행동하고 처신하라. 그러면 '대박 나는 인생'이 될 수 있다.

오늘도 말이 많은 하루 되소서!
말이야말로 성공과
행복을 만드는 제조기

핸드폰을 택시에 흘렸다가 하루 만에 찾았습니다.

한 여성이 습득 견물생심이 생긴 듯, 경찰서의 도움으로 추적하여 찾았습니다. 처벌을 원치 않았습니다. 잃어버린 잘못도 크기에…. 흔한 일이지만 주운 핸드폰에 견물생심을 가지시면 안 됩니다. 추적해서 찾게 되면 형사처벌까지 받을 수 있기 때문이니까요. 요즈음 핸드폰에는 통·수신을 넘어 각종 앱이 깔려 있어서 일상생활의 주요 정보와 연결되어 있어 소유자는 핸드폰 이상의 가치를 가지고 있기에, 습득하셨다면 바로 찾아 주셔야 하고 당사자는 분실되지 않도록 늘 조심해야겠지요.

파출소에서 나오는 길에 맛집 '엄니곰탕'을 찾았습니다. 메뉴에도 없는 음식을 대접해 준 김창호 대표님 감사합니다.

김창호 대표와 가까워진 것은 3~4년 전 YCY 교육포럼에서 실시한 여수 여행에서였습니다. 새벽에 일어나 단둘이 산책을 하며 마음을 열어 놓았기 때문에 강한 믿음을 가지고 있습니다. 고기 유통업을 오랫동안 하다가, 사이드 잡으로 시작했던 애터미 사업에 주력하고 있다는 것이었습니다. 그 당시 센터장이 되는 것이 목표였는데 아직 목표를 달성하지 못하던 중 그동안 해오던 일이 고기 유통인지라 자신이 가장 잘 알고, 가장 잘할 수 있는 식당을 창업하게 되었는데 그 집이 바로 한밭 운동장 부근에 있는 '엄니곰탕' 집이었습니다. 때마침 문을 연 지 만 1년이 되는 날 찾아 간 것이었는데, 팬데믹으로 한밭 운동장 경기가 무관중으로 진행되고 있었고, 홍보도 하지 않았는데 잘된다는 것이었습니다.

맛있는 한우를 엄선해 쓰고 있으니 먹어 본 손님이 다시 찾아오고 입소문을 내서 갈수록 손님들이 많아진다는 것이었습니다. 정말 다행스런 일이라 생각하며 축하해 주었습니다. 그런데 잘되는 또 다른 이유는 포장 판매였습니다. 언택트 시대에 포장 배달이 관건인 것이죠.

묻지도 않았는데 구구절절하게 곰탕과 한우, 그리고 식당 사업에 관해 자랑스럽게 말해 주는 것이었습니다.

'어, 옛날과는 다른 모습이잖아. 말수가 많지 않은 무뚝뚝한 경상도 사내였는데…. 언제 이렇게 변했나? 무엇이 김 대표를 이렇게 변하게 했을까?'

'옛날에 비해 말이 많아진 이유는 무엇일까?'

결론은 지금 하고 있는 일이 잘되니까 신이 난 것이고, 신이 나니까 말이 많아진 것입니다. 일이 잘되면 할 말이 많아집니다. 같은 24시간을 살지만 일이 풀리지 않을 때는 할 말도 없어지지요. 크게 할 일도 없고, 만나는 사람도 많지 않고, 생각도 없고, 말할 거리가 없게 되는데, 일이 풀릴 때는 그만큼 많이 움직이고, 많은 사람을 만나고, 생각도 활발해지기 때문에 말할 거리가 많아지기 때문이 아닐까요?

"하는 일이 풀리면 말도 풀린다." – 여러분 동의하십니까?

말은 관계를 돈독히 하고 사업을 번창하게 하는 촉매제가 됩니다. 말은 그 사람의 성공과 행복의 바로미터입니다. 오늘도 말 많은 하루 되십시다! 그리고 핸드폰 잘 간수하시지요. ㅎㅎㅎ 오늘도 응원합니다. 우분트!

파워 유튜버(U-Tuber)가
되겠다는 꿈

요즈음 젊은이들이 원하는 인기 직업이 조물주 위에 건물주, 아이돌과 같은 연예인, 누구나 한 번쯤 꿈꾸는 **유튜버(U-Tuber)라고 한다.** 그런데 이들은 놀랍게도 한 가지 공통점을 가지고 있다. 오로지 소수의 성공한 이들만이 살아남는다는 점이다. 아이돌 지망생 100만 명 시대이지만, 이름을 떨치는 아이돌은 손을 꼽을 수 있을 만큼 적다.

한때 **갓물주**('갓(God:신)'과 '건물주'의 합성어로, 건물주가 자신의 모든 것을 결정한다는 의미로 건물주를 신으로 빗대어 표현한 말)라 불리던 건물주의 사정도 크게 다르지 않다. 대한민국에 있는 수많은 건물에는 제각기 주인이 있다. 그러나 이들 건물주도 힘든 상황은 마찬가지다. 실질적으로 한국 제일의 건물주는 은행이다. 은행 대출을 끼지 않고 전액 현금으로 매입하는 경우는 극히 적기 때문이다. 이잣돈에 건물 유지보수가 만만치 않다.

유튜버(U-Tuber)는 아이돌보다 사정이 나은 편이다. 아이돌은 소속사의 파워에도 영향을 받기 때문이다. 그러나 유튜브 (YouTube)는 자신의 능력으로 승부를 볼 수 있다. 외모도, 어휘력도, 콘텐츠 기획력도 유튜브에서는 모두 자신만의 자산이 된다. 그러나 콘셉트를 따라 한 후발주자에 역전당하기도 하고, 아무리 노력해도 구독자를 늘리지 못해 그만두는 이들도 많다. 세상에 쉬운 일이 어디 있으랴?

그래도 큰 자본금 없이 도전해 볼 만한 것이 **유튜버**다. **유튜버**란 자신의 콘텐츠를 만들어 유튜브에 올리는 것이다. 1천 명의 구독자와 4천 시간의 시청 시간을 기록하면 사업자로 등록되어 광고 수익을 낼 수 있는 직업이다.

필자는 다행히 수년 전부터 이 일을 해 왔다. '윤치영 YCY 대전 스피치 면접학원'을 수강하는 원우들을 위한 차원에서 해 왔다. 그래서 아직도 독자 수가 300여 명 남짓, 클릭 수도 아직 미미하다.

이제 본격적으로 대들어 볼 계획이다. 필자는 '스피치', '화술', '면접'이란 확실한 콘텐츠를 가지고 있다. 이것을 잘 다듬어 양질의 동영상을 올린다면 난공불락은 아닐 성싶다. 그렇다고 절대 만만찮은 도전임을 안다. 음향과 조명 그리고 촬영부터 동영상을 편집하고 자막을 넣는 일까지 신경 쓸 일이 한두 가지가 아니다. 그래서 주변에 각 분야의 조언과 기술을 익히려고 이곳저곳을 수소문 중이다.

중요한 것은 내가 좋아하는 것, 가장 잘할 수 있는 것을 다른 사람들도 좋아할 수 있도록 만드는 일이다. 애초에 돈을 벌겠다는 생각보다는 재미있어하다 보니 돈도 되더라는 마음으로 접근해야 한다고 한다. 더 중요한 것은 사무적이거나 교과서적인 뻔한 콘텐츠가 아닌 반전이 있는 유익하고 재미있는 콘텐츠를 만들어 내야 한다. 더더욱 인간 냄새 나는 콘텐츠여야 한다.

채널명은 '윤치영 박사 TV 스피치 힘'이다. 말(스피치)은 각인력, 견인력, 성취력, 치유력, 창조력을 갖는다. 말(스피치)의 무지무지한 힘을 보여주고 말(스피치)의 힘을 키워드리고 싶다. 말(스피치)은 또한 예술과 같다. 세상을 아름답게 그리고 삶을 그려내기 때문이다. 말(스피치)은 마술과도 같다. 같은 말(스피치)이지만 어떻게 하느냐에 따라 크게 달라진다. 말(스피치)은 무지무지한 힘을 가지고 있다. 그 예술과 마술과 같고 무지무지한 힘을 갖고 있는 말(스피치)로 세상과 삶과 사람들을 그들과 함께 얘기하고 싶다. 유튜브(YouTube)에서 윤치영 검색어를 치고 들어오셔서 '구독 신청'도 하시고 '좋아요'도 눌러 주시면, 그 힘을 받아 멋진 유튜브(YouTube) 채널을 통해 여러분들과 함께 기쁨도 슬픔과 나누고 싶다. 그래서 이곳에 오면 따뜻한 온기를 느끼고 새로운 정보도 얻고 그래서 '윤치영 박사 TV 스피치 힘'이 유익하고 재미있는 유튜브(YouTube) 채널이 되도록 만들어 보려 한다. 여러분들의 지지와 응원을 부탁드린다.

일상이
기적이지 말입니다

중국 속담에 "기적은 하늘을 날거나 바다 위를 걷는 것이 아니라, 땅에서 걸어 다니는 것이다."라고 했듯이 그야말로 평범한 일상 속 매 순간이 기적이지 아닐까요? 저는 11월 초에 산악자전거를 타고 영덕 달맞이 공원을 출발 동해안 강변을 따라 라이딩 하던 중 오른쪽 팔목이 골절되는 불의의 사고를 당하고 말았습니다. 정형외과에서 치료를 잘 받아 많이 회복되었지만 불편한 점이 한두 가지가 아니올시다. 그렇습니다. 사지가 건강한 것, 그래서 걸을 수 있고 만질 수 있는 것만으로도 감사해야 할 일인 것이다.

저는 감사로부터 시작해야 할 것 같습니다. 어쩌다 어른이 되었고 어쩌다 저술가가 되었으며 어쩌다 강연가로 활동하고 있습니다.

인생을 살아가노라면 의도적으로 되지 않는 일들이 많습니다. 그러나 결코 우연히 이뤄지는 것은 없습니다. 내면의 에너지가 모여서 나비효과처럼 큰 영향력이 작용해 지금 이곳에 있는 것입니다. 따라서 '우연'인 것 같지만 '필연'이라 할 수 있으며, '어쩌다'인 것 같지만 내면에 '간절함'이 있었기 때문이라 생각합니다.

42번째 책을 출간했고, 탈고된 원고가 2편, 그리고 지금처럼 계속 집필하고 있습니다. 아마도 김형석 연세대 명예교수님처럼 100세가 넘어도 이 일은 계속될 것입니다. 건강이 허락된다면…. '대전 스피치 면접 아카데미'에 스피치 리더십과 면접 코칭으로 많은 이들에게 도움을 주고 있으며, 'YCY 소통명사 과정'을 통해 주변인들에게 깨어 있는 삶, 꿈을 꾸는 삶, 지경을 넓혀 더 좋은 영향력을 주는 명사로 거듭나는 삶이 되도록 안내하고 조력하는 이를 하고 있습니다. 아침에 일어나 밤에 잠을 자는 순간까지 모두가 감사하고 감사할 일입니다.

세상을 살아가는 데 이 세 가지만 잘하면 성공할 수 있다고 합니다.

그 첫 번째가 인사를 잘하는 것이랍니다. 눈을 뜨는 순간 만나는 모든 것들, 모든 사람들과 밝은 인사를 해야 할 것입니다. 그리고 SNS 시대에 각종 채널들이 많습니다. 밴드, 페북, 단톡, 블로그 등에 꼬리글로 응원하고 인사하는 것도 빼놓을 수 없는 인사가 될 것입니다. 더구나 애경사를 챙기는 일도 인사 중 하나입니다. 사람이 사람답게 사는 도리가 바로 애경사 챙기기 아닐까 합니다.

두 번째는 약속 지키기입니다. 우리는 하루하루를 살아가면서 수많은 약속을 합니다. 자신과의 약속 타인과의 약속 등 지켜야 할 것들이 많습니다. 자기와의 약속을 잘 지키기 위해서는 생활화가 중요합니다. 그리고 타인과의 약속도 중요한데 잘 지키지 못하는 사람이 의외로 많습니다. 약속 시간 10분 늦는 것은 다반사입니다. 작은 것이 큰 것을 보게 합니다. 평소에 작은 약속을 잘 지키는 일이 그 사람의 이미지이며 매너와 신용의 바로미터가 된다는 것을 아십니까?

세 번째는 끊임없이 쇄신하는 일입니다. 그리스 신화에 나오는 '시시포스'처럼 매일 똑같은 일을 반복한다면 삶이 얼마나 무료하고 고역이겠습니까?

커다란 바위를 산꼭대기로 밀어 올리는 것이 고역이 아니라 쓸데없는 일을 반복하는 일이 더 고역이지 않을까요? 사람은 변화해야 합니다. 끊임없는 성장이 삶에 활력을 주고 생기를 돌게 할 것입니다.

세상은 4차 산업혁명 시대라 합니다. 시류에 합류하지 못하면 도태되고 맙니다. 초연결 사회, 우리는 네트워크망인 플랫폼(platform)을 활용해 Link(連) 시킬 줄 알아야 하며, 융합 시대에 비빔밥처럼 잘 섞어(Mix, 融) 새로운 상품과 비즈니스 모델을 만들어야 합니다. 그리고 본인의 생산하는 제품이든

지식이든 서비스든 감성(Feel, 感)적 마케팅 기술을 가져야 합니다.

정착된 생활이 아니라 움직이며 생활하는 잡 노마드(job nomad 시대)에 어디든 쫓아가며 움직(Mobile, 動)일 줄 알아야 하며, 즐길(Enjoy, 裕) 줄 아는 '끼'를 가져야 합니다.

한 번밖에 없는 인생 어떻게 살아야 할까요? 잘살아야 합니다. 어떻게 사는 것이 잘사는 것일까요? 그것은 내 마음먹은 대로, 내 뜻한 대로, 내 멋을 만들어 가는 인생이 잘사는 인생 아닐까요?

일상이라지만 기적과 같은 마술을 걸자.

• 윤치영 박사가 제안하는 3가지 마술

1. All is well, Not bad

2. Don't worry Be happy

3. Ubuntu!

현대인에게 필요한
치유 테라피therapy

우리 모두는 가끔씩 쉼이 필요하다. 과중한 업무와 긴장 속에서 살아가는 현대인들에게 휴식은 일종의 영약이라 할 수 있다. 몸도 마음도 지쳐있는 사람에게는 백약이 무효하다. 그저 쉬면 모든 게 해결된다. 잘 먹고 잘 싸는 것이 건강의 척도이듯이 쉼 또한 우리의 몸과 마음을 원활하게 하고 피로를 배출해 내는 역할을 한다. 그런데도 우리나라 사람들은 여전히 '일하는 것은 선이요 쉬는 건 죄악'이라는 이분법에서 벗어나지 못하고 있다. 어쩌다 시간이 주어지면 그냥 집에서 빈둥거리며 방바닥을 뒹굴 줄만 알았지 정작 제대로 쉴 줄 모른다. 우스갯소리로 이런 사람들을 '호떡'에 비유한다. 가끔 한 번씩 뒤집어주기 때문이다. 한때 'stop work, smell rose' 즉 '일을 멈추고 장미 향에 취하라'는 말을 흉내 내 "열심히 일한 당신, 떠나라!"라는 광고 카피가 유행한 적이 있다. 그러나 핸드폰과 컴퓨터를 끈 채 맘 편히 장미 향기를 맡을 수 있는 여유가 우리에겐 여전히 아득하기만 해 보인다.

사람이 쉼을 통해 얻고자 하는 것은 자유로움과 여유로움이다. 다운시프팅(down-shifting), 즉 고속으로 달리던 자동차의 기어를 저속으로 바꾸듯 삶의 기어도 저속으로 바꿔 돈보다 시간적 여유를, 일보다는 가정을 더욱 중요하게 생각하는 생활이다.

필자는 최근 출간과 관련되어 편집회의 차 출판사 대표를 만났는데 잘 나가는 책이라며 책 2권을 선물 받았다. 『낙서 테라피』란 책과 『칼러링 카페』란 책이었다. 이 책들의 공통점은 치유(테라피, therapy)하는 것이다. 낙서를 통한 테라피요, 색을 칠하면서 치유하는 책들이 유행처럼 번져있는 이유는 무엇일까?

요즈음 현대인들은 상당수가 우울증을 겪고 있거나 자신도 모르게 우울증을 가지고 있거나 치유를 받아야 할 정신적인 공황 상태라는 것이다. 건강보험심사평가원의 한 통계에 따르면 최근 5년간의 우울증 환자는 59만 명으로 늘어 연평균 증가율이 5%에 달하고 있다는데 우울증 심각도는 자살과 같은 극단적 행동이 높아 실제로 노령인구의 자살률의 증가 속도 역시 빠르게 증가 중이다. 그 우울증을 치료하는 방법이야 병원을 찾아 전문의 진단에 의한 치료를 받아야 하겠지만 필자는 생활 속에서의 우울증을 치료하는 방법을 생각해 보고자 한다.

하루에 30분씩 햇볕 쬐기_ 햇볕은 대뇌로부터 활력을 느끼게 하고 각종 신경전달 물질을 생산해 내기 때문에 우울증 치료법에 도움이 된다.

가벼운 소설이나 잡지책 보기_ 어렵고 복잡한 책보다는 가벼운 소설이나 잡지책을 읽으면 기분 전환에 좋다.

충분한 잠과 충분한 휴식_ 잠이 부족하면 하루 종일 짜증나고, 쉽게 예민해지기 때문에 우울증이 더 심해질 수 있다. 평일에 쉴 수 없다면 휴일에는 충분한 잠을 자고, 충분한 휴식을 취해야 한다.

운동하기_ 꾸준한 운동은 뇌를 활발하게 하여 우울증 치료 방법으로 효과적이다. 혈액 순환을 촉진시켜 전신의 활력을 줄 수 있다. 무리하지 않을 정도의 산책이나 유산소 운동, 요가 등도 좋다.

목욕하기_ 목욕하고 나면 개운하고, 상쾌한 느낌을 받는다. 적당한 목욕은 기분을 좋게 하고 신진대사를 촉진시킨다. 음악을 틀고 거품 목욕을 하는 것도 우울증을 극복하는 좋은 방법이다.

감정 토해내기_ 우울증과 두려움을 극복하는 방법 중 하나가 소리를 지르는 것이다. 소리를 지르면 우울증과 두려움은 온데간데없어지고 자신감이 생긴다. 군대서 제식훈련을 하면서 구령을 복창하게 하면 정신 집중력을 높이는 데 도움이 되기도 하지만 격투기하면서 소리를 지르면 상대의 기선을 제압하고 스스로 힘을 배가하게 되는데 정확히 15%의 힘을 더 얻는다.

    우울증은 혼자 있을 때 더욱 깊어지는 법이다. 나이 먹을수록 사회활동을 줄이지 말고 사회활동을 통해 활력을 얻는 일이 중요하다고 생각한다. 할 수 있다면 생산적인 일을 중단하지 말라고 권하고 싶다. 그리고 마음속에 실망, 절망, 분노 모두 자신의 방법으로 말해야 한다. 그래서 내적 찌꺼기와 외로움을 토해내야 한다. 감정을 토해냄으로써 치유를 받는 것이다. 감정을 선별해서 토해내는 것은 진짜로 토해내는 것이 아니다. 거침없이 주변 의식하지 않고 울고 싶은 만큼 울고 웃고 싶은 만큼 웃고 말하고 싶은 만큼 말하고 소리 지르고 싶은 만큼 소리를 질러버리는 것이다. 화창한 날 공원 걷기, 벤치에 앉아 한가로움을 만끽, 친구와 담소를 나누는 것도 좋은 방법이다. 가만히 있으면 아무것도 변화되지 않는다. 소리라도 질러야 하고, 그림이라도 그려야 하고 글이라도 써야 한다. 우리는 무언가에 집중하고 있을 때 잡념을 잊고 마음의 정화를 할 수 있게 되는 것이다.

끊임없이 배우고
성장하는 일

현대인들은 '일과 삶의 균형'이라는 의미인 'Work-life balance' 준말인 '워라밸'을 추구하지만 살다 보면 시간과 일과 사람에 쫓겨 나를 돌아 볼 시간이 만만치 않습니다.

필자가 최근 잘한 일 중 하나가 대전 면접 스피치 아카데미의 'YCY 강사 자격 과정'을 만든 것입니다. 이 강좌의 특징은 우선 나를 돌아보고 챙기는 시간을 가져보게 됩니다. 하여 "나를 찾아 떠나는 여행"이란 '캐치프레이즈'를 걸고 '말'의 '각인력, 견인력, 성취력, 치유력, 창조력'의 힘을 통해 '진정한 나'를 찾고, '인생 이야기'를 만들어 '토설(내 안의 말을 토해 놓음)'함으로써, '세상에 진정한 자유인'이 되어 희망 시 '책'까지 '세상'에 내놓음으로써, '명사(名士)'로 세상에 우뚝 서게 하는 프로젝트입니다.

사람에게 가지고 있는 두 가지 로망을 현실화시켜 드립니다. 하나는 '신분 상승'입니다. 제가 전국으로 강의를 할 수 있는 백이 있습니다. 그것은 청와대 백도 아니고 VIP도 아닙니다. 오로지 제가 써낸 40여 권의 책입니다. 신분을 상승시키고 명사로 가는 길은 책을 쓰는 것입니다. 결코 쉽지만은 않지만, 결코 어렵지만도 않은 그 일을 우리는 해낼 것입니다.

두 번째는 성장을 통해 자신의 존재감과 자아실현의 욕구를 충족시키는 일입니다. 교도소에서 가장 무서운 형벌은 그리스 신화에 나오는 '시시포스의 바위'처럼 쓸데없는 일을 반복하는 것입니다. 따라서 사람은 끊임없이 배우고 성장하는 일이 자신에게 줄 수 있는 최고의 선물이며 기쁨이기도 합니다.

본 강좌에는 윤치영 박사가 30여 년 동안 40여 권의 책을 쓰고 3천여 회에 걸쳐 강연하고 수많은 개인 코칭을 하면서 얻은 두 가지 핵심 비결이 있습니다.

하나는 '토설(속을 드러내는 발표)'을 통해 나를 발견하며, 후련함과 자유로움을 경험할 것이며, 그로 인해 정신적 치유는 물론 세상에 당당히 나를 내세우는 담대한 내공을 기르게 될 것입니다.

또 다른 하나는 '무한 긍정의 힘'입니다. 긍정 에너지가 충만할 때 감사할 줄 알며 '안분지족'할 수 있게 되며 모든 문제를 해결 받고 창조하는 놀라운 역사를 이루게 될 것입니다.

윤치영 박사는 "어떤 일이든 참으면서 하지 말고 즐길 줄 아는 능력을 발동해야 성과도 높이고 보람도 높일 수 있다."

라는 것을 믿고 있습니다.

　윤치영 박사의 'YCY 교수법' 중 하나인 '마감효과'와 확실한 '동기부여'로 '자신의 가치'와 '경쟁력'을 높이고, 미래를 준비하는 귀한 시간이 될 것입니다.

　배울 때가 잘 나갈 때이고, 성장한다는 사실이 가장 신나는 일입니다. 배웁시다. 일신우일신 하십시다. 그래서 남을 위해 씁시다. 당신의 능력을….

나이 탓, 시대 탓, 운명 탓 하지 마라

현재 100세 연세임에도 활동을 멈추지 않은 '김형석' 교수님은 "나에게 사랑이 다시 찾아온다면 그 사랑 누리고 싶다."라고 고백했다. 얼마나 정열적이고 아름다운 모습인가?

아직도 젊음을 과시하듯 저술 활동과 강연 등으로 우리에게 존경받고 계신 '이어령' 교수, 세시봉으로 활동하는 송창식, 윤형주, 김세환 등 국민의 사랑을 듬뿍 받고 있는 그들도 나이 탓 하지 않고 그들만의 아름다운 삶을 누리고 있지 아니한가?

'나 그대에게 모두 드리리'란 히트곡을 낸 가수 '이장희' 님도 70세가 넘었다. 그가 어느 방송에 나와 "자연인처럼 살고 싶다."라고 인터뷰한 것을 보며 크게 공감했던 기억이 난다.

사회자가 "어떻게 사는 것이 자연인처럼 사는 것입니까?" 물으니, "웃고 싶을 때 마음껏 웃고, 울고 싶을 때 마음껏 울며, 사랑의 감정이 생기면 사랑한다고 말할 수 있는 사람이야말로 자연인입니다."라고 대답했다.

그렇다. 감정을 꽁꽁 묶어놓으면 병이 된다. 한국인만의 유일한 병중의 하나가 화병이다.

싫으면 싫다, 좋으면 좋다고 표현하는 사람이 보기에도 시원스럽고 화병도 안 생긴다. 또한 감정을 표현을 적당히 표현할 줄 아는 사람이 호쾌한 멋쟁이 리더이다.

한국전쟁 직후인 1955년부터 1963년 사이에 태어난 베이비붐 세대라고 하는데 독재정권에 저항하여 민주주의 회복 운동을 벌이면서 얼마나 국가 발전에 기여했는가?

나이 듦을 부끄러워 마라.

여기까지 오시느라 얼마나 고생하셨으며 얼마나 수고가 많으셨는가?

누가 이분들을 천덕꾸러기로 박대하겠는가.

이분들을 존귀하게 대접해 주지 않는 풍토가 새삼 아쉽다.

이제 남은 삶을 좀 더 여유 있게 건강하게 아름답게 누리시는 여러분 되시기 바라며 시들해져 가고 있는 노인 존경과 효 문화를 회복해야 된다고 이 연사 강력히 외칩니다.

• 윤치영 화술 박사의 행복한 삶을 위한 제안

1. 운명과 팔자를 사랑하라.

2. 움직여야 건강과 행복과 기회가 온다.

3. 통즉불통, 불통즉통… 공감하고 소통하라.

4. 몰입하는 시간을 많이 가져라.

5. 외딴 곳에 근사한 집 짓고 살지 말고 사람 속에서 아웅다웅 살아라.

6. 호불호를 확실히 하라.

7. 대접받고자 하는 바를 알려라.

8. 건강 호흡법, 입술 꼬리를 올려야 하는 이유(가역성의 법칙).

9. 땀을 흘려라(배설의 즐거움).

10. 리듬감으로 신체적 정신적 유연성을 찾아라.

살아가는 데 지녀야 할
3가지 무기

몸에는 4가지 무기를 가지고 태어났다. 머리에는 머리칼을 세우고 있다. 나이 먹어보니까 머리칼이 얼마나 중요한지 알 수 있을 것 같다. 머리칼이 젊음의 상징이요, 건강의 비결이라는 것을.

다음은 화살코이다. 내 코가 화살코인 줄 몰랐다. 타로 하시는 신기(神氣)를 가지고 있는 분이 말해주어 알았다. 화살코를 가지고 있는 사람은 돈과 사람을 잘 낚는다고 하니 나쁘지 않은 코를 가졌다.

다음으로 머리에는 총기를 가지고 있다. 총기(聰氣)는 총명한 기운을 뜻한다. 사람에게는 총기가 있어야 분별력과 측은지심을 가질 수 있어 사람으로서의 도리를 다할 수 있게 된다.

마지막으로 살인미소이다. 사람은 크게 두 가지 유형으로 나눌 수 있다. 한 유형은 미소가 살아 있는 유형으로 이들은 하는 일이 만사형통하고 있다. 물론 미래의 전방도 밝다. 그러니 웃고 있는 것이다. 다음 유형으로는 얼굴에 웃음기가 0

도 없다. 하는 일이 잘되고 있지 않다는 증거다. 그리고 미래의 전망도 어둡다. 그래서 웃을 일도 없고 웃음기도 없다.

가지고 있는 선천적인 무기 말고, 일상을 살아가는 데 소지해야 할 3가지 무기가 있다. 그것은 Pause, Frank, Question이다.

Pause는 일상을 살아가면서 말(스피치)을 하는 데 있어서 꼭 필요한 것이다. Pause is Power. 쉼이야말로 강력한 힘이다. 끊어서 말하는 것은 스피치의 기본이며 가장 강력한 무기이다. 끊어서 말하는 것이야말로 먹히는 스피치가 될 수 있다. 스피치에도 삶에도 Pause야말로 지녀야 할 무기이다. Pause는 곧 Space이다. Space는 틈새이며 공간이고, 여유이다.

다음으로 지녀야 할 삶과의 관계에서 최고의 무기는 Frank이다. Frank는 재미를 만드는 무기이기도 하다. 솔직하게 자기를 드러내는 일, 솔직하게 자기를 표현하는 일 등 '솔직'이야말로 최초의 무기이며 최후의 무기이다.

마지막으로 Question은 기적을 부르는 말이다. 질문하면 스스로 고백하게 되고 질문하면 동기부여가 되고 질문하면 깨닫게 된다. 대화를 잘하려면 질문하라. 강의를 잘하려면 질문하라. 통하려면 질문하라. 질문은 스피치커뮤니케이션의 만병통치약이다.

하루를
즐겁게 하는 방법

즐거움에는 몸의 즐거움, 마음의 즐거움, 다른 사람들과의 관계의 즐거움 그리고 영혼의 즐거움이 있다. 영혼의 즐거움은 영성(靈性)의 영역에서 느껴지는 즐거움이다. 즐거워서 적극적으로 임하는 것이 아니라 적극적으로 임하다 보니까 즐거워지는 것이다. 즐겁게 일하라. 아니, 즐기며 일하라. 즐거움이 있는 곳에 진리가 있다. '즐거운 일을 하는 것'이 아니라 '하도록 되어 있는 일을 즐겁게 하는 것'이 성공의 비결이다. 새로운 자기 계발을 하고 있는 사람이야말로 매일 매일이 감사한 하루, 충실한 하루이다.

1. **당신을 구속하는 것은 바로 당신의 생각이다_** 인식 전환을 통하여 행동의 변화와 운명의 변화를 꾀하자.
2. **남과 비교하지 말라_** 세상엔 당신보다 잘난 사람도 있고, 못난 사람도 있게 마련이다.
3. **행복해지겠다고 결심하라_** 사람은 자신이 작정한 만큼

행복해질 수 있다. 자신의 태도가 주위 여건보다 훨씬 중요하다.

4. **긍정적이고 낙관적인 사람과 교제하라**_ 가까이 지내는 사람의 기분과 행동은 우리의 기분과 행동에 전염성이 있다.

5. **완벽주의자가 되지 말라**_ 실수하는 것은 인간이고, 용서하는 것은 신이다, 진인사대천명(盡人事待天命)이다.

6. **어린아이처럼 하루를 시작하라**_ 어린아이들은 매일 매일 자기에게 좋은 날이 될 거라는 새로운 기대 속에서 새날을 시작한다.

그
특별함으로

어느 강가에 오래된 식당이 하나 있습니다. 허름한 간판 아래 메기 매운탕을 파는 식당으로 사람들의 발걸음이 끊이지 않습니다. 마당에 아주 큰 느티나무가 있고 그 아래 여러 개의 평상이 놓여 있어서, 사람들이 음식을 먹으면서 강가나 산을 구경하며 쉬어가곤 합니다.

이 식당이 처음부터 장사가 잘되는 집은 아니었습니다. 식당 주인은 서울의 한 골목에서 메기 매운탕 집을 오랫동안 운영했는데 생각처럼 잘되지 않았습니다. 아무리 생각하고 노력해도, 자기 집 음식과 옆집 음식이 별 차이가 없는 것 같은데 사람들이 옆집에는 많이 가고 자기 집에는 파리만 날렸습니다. 식당 주인은 화도 나고 '나는 장사하고 인연이 없나 보다'하며 낙심한 채 시간을 보냈습니다.

그러던 어느 날, 식당 주인이 무엇인가 결심한 듯 비장한 표정으로 음식을 아주 맛있게 한다는 진달래 식당을 찾아갔습니다. 식당 주인과 이런저런 이야기를 하면서 살펴보니,

그 식당 주인은 손님들이 음식을 편안하게 먹을 수 있게 해 주었습니다. 또, 계절에 맞게 음식에 조금씩 변화를 주고 있었습니다. 진달래 식당 주인은 무엇보다 중요한 것은 손님들이 식당에 왔다가 돌아갈 때 '내가 참 좋은 식당에 왔다 가는구나, 내가 특별한 음식을 먹었구나'라며 마음에서 선물을 받고 가는 느낌이 들게 하는 것이라고 귀띔해 주었습니다.

메기 매운탕 식당 주인은 오랫동안 식당을 운영하면서 '이 정도면 괜찮겠지'라고 생각했는데, 자신이 매운탕을 먹는 손님들의 입장에서는 생각하지 못했다는 사실을 알았습니다. 무엇보다 메기탕을 특별하게 만들기 위해 노력하지 않았다는 사실을 알게 되었습니다. 그때부터 '어떻게 하면 사람들이 메기탕 요리에 매력을 느낄 수 있을까?' 하고 고민했습니다. 메기를 양식하는 사람들을 찾아가 이것저것 물어보며 메기에 대해 열심히 공부했습니다. 손님들의 마음을 먼저 헤아리지 않으면, 특별한 음식을 만들어내지 못한다는 사실을 알았기 때문입니다.

그 후, 주인은 서울 식당을 접고 어느 강가로 식당을 옮겨가 새로 시작했고 사람들이 식당에 몰려들기 시작했습니다. 식당 벽에는 메기와 관련된 전설, 메기와 사람의 관계, 그 강에 사는 메기의 특별함 등이 적혀 있었습니다. 손님들이 메기탕을 주문한 뒤 기다리면서 그것을 읽다 보면 '메기를 그냥 민물고기라고만 생각했는데 이 메기가 보통 물고기가 아니구나. 기력이 없는 사람들의 기력 회복을 위해서 하늘에서 내려준 특별한 선물이구나.' 하며, 메기에게서 특별함과 매력을 느꼈습니다.

"메기는 흔한 물고기가 아닙니다. 이 강에 메기가 살고 있는 것은 이곳이 살기 좋은 곳이기 때문입니다. 저희는 매일 일정한 양의 메기만 잡고 있습니다. 여러분은 특별히 선택받은 사람이기 때문에 이 메기를 드실 수 있습니다. 깨끗한 강에서 사는 이 메기를 드시면 병이 낫고 새 힘을 얻을 것입니다."

이런 글을 곧이곧대로 믿는 사람은 거의 없겠지만, 글을 읽고 '내가 좋은 식당에 왔구나, 특별한 곳에 왔구나.'라고 생각하면서 메기탕을 먹으니 보통 메기탕보다 훨씬 맛있게 느껴졌습니다. 또 식당 벽에 "이 메기탕은 여러분이 먹으면서 '이 메기 정말 맛있다! 최고의 맛이야!'라고 표현하면 열 배는 더 맛있어지는 특별한 메기탕입니다."라고 적혀 있어서, 메기탕을 먹는 사람들이 여기서도 "진짜 맛있네!" 하고, 저기서도 "진짜 맛있네!" 하며 먹었습니다. 그러다 보니 모든 사람이 아주 기분 좋게 메기탕을 먹었습니다.

많은 손님들이 식당에 찾아와서 메기탕을 맛있게 먹고 가는 것을 보면서 주인은 생각을 좀 더 했습니다. '메기탕을 더 특별한 것으로 만들고 싶다.' 그때부터 VIP 손님을 위한 황금 메기탕과 붉은 메기탕이 등장했습니다. 식당 주인은 고급 차를 타고 오는 손님들에게 이렇게 제안했습니다.

"우리 식당에는 두 가지의 메기 매운탕이 있는데, 어떤 것을 드시겠습니까? 하나는 보통 메기로 끓인 매운탕입니다. 다른 하나는 백 년에 한 번 잡힐까 말까 하는 메기, 바로 황금 메기로 끓인 매운탕입니다. 황금 메기탕을 먹으면 머리가 맑아져서 긍정적인 사고와 창의적인 생각을 할 수 있습니다. 그래서 하는 일이 꽉 막혀 있으면 뻥 뚫립니다. 또한 사람들과 잘 교류할 수 있는 넓은 시야를 가지게 되어 주변 사람들과의 관계도 좋아집니다. 이런 까닭에 옛 선인들도 백 년에 한 번 있을까 말까 하는 황금 메기를 먹기 위해 여러 곳을 찾아다녔습니다."

그러면 돈이 있는 손님들은 "그래요? 내가 어디에서도 황금 메기를 먹어본 적이 없는데 이번에 한 번 먹어봅시다."하고 황금 메기탕을 주문했습니다. 주인이 메기를 가져와서 보여주는데, 정말 황금색을 띠고 있었습니다. 주인이 그 자리에서 메기를 잡아 요리해 주고, 보통 메기탕보다 아주 비싸게 음식값을 받았습니다. 스스로를 평범하다고 여기는 사람은 정말 자신의 말처럼 살아갈 것입니다. 하지만 그들 중 어떤 이들은 주위 사람들의 눈을 빌려서 자신 또한 특별한 점이 있음을 발견합니다. 그리고 그 특별함을 조금씩 키우면서 살아갑니다.

사람들은 특별한 것을 먹었기 때문에 자랑하게 되고, 더 많은 사람들이 그 식당을 찾아왔습니다.

또 최고급 차를 타고 오는 손님에게는 식당 주인이 이렇게 제안했습니다.

"우리 식당에 오신 것을 진심으로 환영합니다. 우리 식당에는 아주 특별한 메기가 있습니다. 용이 되기 직전에 잡힌, 천 년에 한 번 잡힐까 말까 하는 메기입니다. 이 메기를 먹으면, 옛날로 말하면 정승도 될 수 있고 왕도 될 수 있는 아주 특별한 메기입니다. 전설에 의하면 이성계나 왕건도 붉은 메기를 먹고 왕이 되었다고 합니다. 천 년에 한 번 잡힐까 말까 하는 메기가 얼마 전에 잡혔는데, 이걸 어떻게 할까 생각하다가 손님에게 보여드립니다."

손님이 이야기를 듣고 놀라며 그 메기를 보니까 색깔이 정말 붉었습니다. "거무튀튀한 메기만 보았지 붉은색 메기는 처음 봅니다. 이 메기로 요리해 주십시오." 주인이 정성껏 메기탕을 끓여서 주면 사람들이 국물 하나 남기지 않고 먹으면서, "이제 우리 집안이 운수대통하겠네. 갓 입사한 우리 아들이 그 회사 사장이 되겠네." 하며 즐거워했습니다. 아주 맛있게 먹은 뒤 큰돈을 내고 만족스러워하며 돌아갔습니다.

이따금 아주 좋은 차를 타고 오는 손님이 있으면 식당 주인이 말합니다. 황금 메기가 있고, 붉은 메기가 있다고. 사람들은 그 식당에서 메기 매운탕을 먹고 잊을 수 없는 좋은 추억을 마음에 담고 돌아가 주위 사람들에게 전했습니다.

식당 주인은 메기에 관해 깊이 공부하면서, 메기에게는 카멜레온처럼 생존을 위해 몸의 색을 바꾸는 특별한 기능이 있다는 사실을 알았습니다. 메기를 황금색 통에 넣어두면 몸이 황금색으로 변하고, 붉은 통에 넣어두면 붉은색으로 변하는 것입니다. 그가 자신이 요리하는 메기탕을 평범하게 생각했을 때에는 그런 사실을 알 수도 없었습니다. 특별한 메기탕을 만들겠다고 마음먹은 뒤부터 메기가 새롭게 보이기 시작했고, 메기에 대해 알아가는 만큼 메기탕을 특별하게 만들 수 있었습니다.

식당 주인이 메기를 특별하게 바라보기 시작하면서 평범했던 메기탕 식당이 특별한 식당으로 변했습니다. 우리 삶도 마찬가지입니다. 태어날 때부터 남다른 사람들도 있지만, 사람들 대부분은 평범합니다. 그들 중 '나는 별 볼 일 없는 사람이야' '특별한 게 뭐가 있겠어.' 스스로를 평범하다 여기는 사람은 정말 자신의 말처럼 살아갈 것입니다. 하지만 그들 중 어떤 이들은 주위 사람들의 눈을 빌려서 자신 또한 특별한 점이 있음을 발견합니다. 그리고 그 특별함을 조금씩 키우면서 살아갑니다.

누구나 특별함을 가지고 있으며, 누구든지 그 특별함으로 다른 사람에게 즐거움을 주고 감동을 주며 살 수 있습니다. 여러분은 스스로를 어떻게 생각하고 있나요?

집중력은
그 사람의 생명력

집중력이 강하다는 것은 그만큼 생명력이 강한 것이고, 집중력이 흐트러지고 있다는 것은 생명력이 약하다는 방증일 것이다.

그리고 집중력이 강하다는 것은 주변 상황에 흔들리지 않고 상황을 돌파해 갈 수 있는 능력이 강하다는 것을 의미한다. 집중력이 약한 사람들은 주변의 방해에 쉽게 흔들리지만, 집중력이 강한 사람들은 그만큼 상황 돌파력이 뛰어나다.

가령 독서할 때 동일한 강도의 소음이 들어와도 집중력이 있을 때와 없을 때 반응 양상이 전혀 달라지는 것을 알 수 있다.

집중력이 떨어지면 주변 소음이나 외부 방해 요소에 스스로 무너지면서 자기 할 일을 놓치고 마는 것이다. 그러니까 집중력은 상황 돌파력이라고 할 수 있다.

또 집중력은 일이나 공부의 맑고 깨끗한 정도를 결정한다. 집중력이 떨어진다는 것은 잡념이 많다는 것이고, 잡념이 많을수록 일도 공부도 혼란스러워진다.

흔히 '정성스럽다'라는 표현을 하는데, 정성은 집중의 다른 표현이다. 어떤 사람이 연구에 몰두하는 모습을 보고 있노라면 혹시 방해되지는 않을까 생각하면서 행동을 조심하게 된다. 또 누군가를 위해 열심히 기도하는 모습을 보면 보는 사람도 마음이 차분해지고 정갈해지는 것을 느낀다. 기도하는 사람의 집중된 마음이 전해져서일 것이다.

실제로 절이나 교회에서 기도할 때 중요하게 얘기하는 것이 집중이다. 다른 말로 간절함이다. 간절한 기도가 기적 같은 결과를 만들어 낸 체험담을 주변에서 듣곤 한다. 평소에는 생각지도 못한 일들이 마음의 집중과 몰입으로 이루어져서 당사자도 놀라는데 그때의 나는 이제껏 만나지 못한 '최고의 나'인 것이다. 따라서 몰입은 '새로운 나'를 발견하는 과정이자, 나의 의식 지평을 새로운 차원으로 확장시키는 일이다.

미국 심리학자 대니얼 골먼 박사는 "집중력은 마음의 근육이다."라고 했다. 훈련을 통해 근육을 발달시킬 수 있듯이 집중력도 발달시킬 수 있다는 뜻이다. 우리가 건강을 위해 운동을 꾸준히 하려고 노력하는 것처럼 집중력 계발 또한 지속적인 훈련과 노력이 필요하다.

시스템으로
승부하라

　30여 년 동안 44권 책을 쓰고, 서울부터 제주까지 3천여 회 강연하고, 윤치영면접스피치학원을 운영해 오다 코로나 19로 인해 수입이 줄면서 이곳 저곳에 투자했다 있는 돈 없는 돈 말아 먹고 실의와 좌절감에 빠져 있다가 솔개정신으로 20년이 넘는 학원을 이전하고 프로그램을 개편하면서 심기일전하여 앞으로 10여 년을 버틸 수 있는 경쟁력과 에너지를 얻었다.

　'묵은 솔이 광솔이다.'는 말은 더 이상 통하지 않는다.

　AI화된 4차산업혁명시대의 변화하는 속도에 따라가지 못하면 도태되거나 생존이 불가할 뿐이다. '강한 자가 살아 남는 것이 아니라 살아남는 자가 강한 자다.' 돈도, 건강도, 관계도, 모두 시스템의 문제다. YCY교육포럼도 나쁘지 않은 시스템이다.

　화술경영 윤치영 박사도 우여곡절 끝에 홀로서기에 성공했으니 YCY 주변 사람들을 챙기고 독려해서 평생 건강하게 재미있게 축복하며 함께 가고 싶다. 무임승차가 아닌 무언가 자기 몫을 찾아 함께 상생하는 대열에 동참해 주시기 바란다.

행복도 성공도 시스템이 필요하다

시스템은 목표를 달성하고 일상 속에서 더 나은 삶을 사는 데 큰 도움을 준다. 시스템을 만드는 몇 가지 핵심 원칙과 구체적인 방법을 알아보자.

• 일상 습관 시스템화

더 건강해지기, 더 긍정적인 사고하기 그리고 작은 습관부터 시작하기다. 아침에 긍정적인 말을 하며 하루 시작하기, 하루 10분 명상하기, 매일 감사한 일을 3가지 적기.

• 시간 관리와 우선순위를 정해 핵심 가치에 시간 투자하기

가장 중요한 활동에 집중하고, 덜 중요한 활동을 줄이기다. 자기개발과 취미, 건강 관리에 우선순위를 두자.

• 의사소통과 관계 시스템을 구축

의도적으로 관계 맺기를 위해 일주일에 한 번 가까운 사람들과 소통하기, 주변 사람들에게 긍정적인 영향을 미치는 말을 의식적으로 하기, 운동 루틴으로 매일 30분 걷기, 주 3회 강도 높은 운동이 포함되어야 한다. 그리고 규칙적인 수면 시간과 적절한 휴식을 위해 루틴화 하는 것이다.

• 정신적 성장을 위한 시스템 구축으로 매달 책 한 권 읽기를 목표로 삼고 매일 일정 시간을 투자하자.

- **명상과 자기 반성하는 시간도 필요하다.**

명상, 일기 쓰기 등으로 마음을 정리하자.

- **자기 보상 시스템도 필요하다.**

목표를 달성했을 때 소소한 보상을 제공해 동기부여를 지속하자. 한 달 운동 목표를 달성하면 좋아하는 음식을 먹거나 작은 선물을 사는 것 등이다.

- **끝으로 감사와 긍정적 사고를 하는 것이 중요하다.**

매일 감사한 일을 기록하는 감사 일기를 쓰는 습관과 부정적인 상황에서도 긍정적인 면을 찾으려는 연습을 하는 것이다.

행복은 단순히 목표가 아니라 지속적으로 유지되는 삶의 방식이다. 시스템을 통해 자신의 삶을 체계적으로 개선하면 더 나은 삶과 행복을 동시에 누릴 수 있을 것이다.

'행복에너지'의 해피 대한민국 프로젝트!

<모교 책 보내기 운동> <군부대 책 보내기 운동>

한 권의 책은 한 사람의 인생을 바꾸는 힘을 가지고 있습니다. 한 사람의 인생이 바뀌면 한 나라의 국운이 바뀝니다. 그럼에도 불구하고 많은 학교의 도서관이 가난하며 나라를 지키는 군인들은 사회와 단절되어 자기계발을 하기 어렵습니다. 저희 행복에너지에서는 베스트셀러와 각종 기관에서 우수도서로 선정된 도서를 중심으로 <모교 책 보내기 운동>과 <군부대 책 보내기 운동>을 펼치고 있습니다. 책을 제공해 주시면 수요기관에서 감사장과 함께 기부금 영수증을 받을 수 있어 좋은 일에 따르는 적절한 세액 공제의 혜택도 뒤따르게 됩니다. 대한민국의 미래, 젊은이들에게 좋은 책을 보내주십시오. 독자 여러분의 자랑스러운 모교와 군부대에 보내진 한 권의 책은 더 크게 성장할 대한민국의 발판이 될 것입니다.

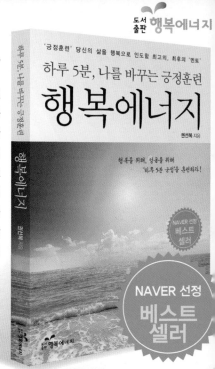